MW00528378

Buenos días, alegría

Jesús Matos

Buenos días, alegría

Cómo superar la tristeza y alcanzar el equilibrio emocional

Obra editada en colaboración con Editorial Planeta – España

Diseño de portada: Planeta Arte & Diseño
Ilustración de portada: © Kentarcajuan - Getty Images
Fotografía del autor: © Archivo del autor

© 2017, Jesús Matos Larrínaga
Derechos cedidos a través de Zarana Agencia Literaria

© 2017, Editorial Planeta S.A. – Barcelona, España

Derechos reservados

© 2018, Editorial Planeta Mexicana, S.A. de C.V.
Bajo el sello editorial DIANA M.R.
Avenida Presidente Masarik núm. 111, Piso 2
Colonia Polanco V Sección
Delegación Miguel Hidalgo
C.P. 11560, Ciudad de México
www.planetadelibros.com.mx

Primera edición impresa en España: junio de 2017
ISBN: 978-84-08-17327-4

Primera edición impresa en México: agosto de 2018
ISBN: 978-607-07-5145-5

No se permite la reproducción total o parcial de este libro ni su incorporación
a un sistema informático, ni su transmisión en cualquier forma o por cualquier
medio, sea éste electrónico, mecánico, por fotocopia, por grabación u otros
métodos, sin el permiso previo y por escrito de los titulares del *copyright*.

La infracción de los derechos mencionados puede ser constitutiva de delito
contra la propiedad intelectual (Arts. 229 y siguientes de la Ley Federal de
Derechos de Autor y Arts. 424 y siguientes del Código Penal).

Si necesita fotocopiar o escanear algún fragmento de esta obra diríjase al
CeMPro (Centro Mexicano de Protección y Fomento de los Derechos de Autor,
http://www.cempro.org.mx).

Impreso en los talleres de Litográfica Ingramex, S.A. de C.V.
Centeno núm. 162-1, colonia Granjas Esmeralda, Ciudad de México
Impreso en México – *Printed in Mexico*

SUMARIO

*A mi familia y amigos, que me aguantan
y me apoyan cada día.*

INTRODUCCIÓN

Si lloras por haber perdido el sol, las lágrimas te impedirán ver las estrellas.

RABINDRANATH TAGORE

En primer lugar, quiero darte la bienvenida. Me llamo Jesús y vamos a pasar unas semanas juntos. Me encantaría poder ayudarte a superar estos momentos difíciles. Te tengo que prevenir: el camino no es fácil, va a suponer un esfuerzo por tu parte; siento decirte que no basta con leer de forma pasiva el libro, vas a tener que ponerte manos a la obra. Como les digo siempre a mis pacientes, yo puedo enseñarte dónde está la puerta, pero tú tienes que cruzarla. Así que tienes todo mi apoyo y te deseo lo mejor en estas semanas que vamos a estar juntos. Espero de corazón poder echarte una mano.

En segundo lugar, quiero decirte que en ningún caso este libro puede sustituir la labor de un profesional calificado. Solo pretende ser una guía de actuación para superar la tristeza, únicamente eso; puede complementarse perfectamente con otro tipo de actuaciones sanitarias, pero nunca ser el sustituto de una terapia elegida para la depresión.

A lo largo del libro voy a intentar dotarte de todas las técnicas eficaces para mejorar tu estado de ánimo. He hecho una selección en función de la eficacia que han demostrado en diferentes experimentos realizados en todo el mundo. Estas técnicas han funcionado con miles de personas, así que si les han servido a ellas, ¿por qué no van a servirte a ti?

Mi caso

Me llamo Jesús Matos, nací en Madrid hace ya unos años. Desde siempre fui un apasionado de la ciencia, en especial de las ciencias naturales. Desde muy pequeño me interesó profundamente el comportamiento humano; por ello, a los dieciocho años, tomé la difícil decisión de estudiar Psicología.

Sé que suena raro que alguien quiera estudiar esta carrera desde joven, pero me interesaban muchísimo los procesos psicológicos que tienen lugar en nuestro cerebro cada día. Me atraía mucho la idea de poder explicar la conducta de las personas. Saber qué ocurría dentro de la cabeza de los demás.

Yo tardaba una hora y media todos los días en llegar a la facultad, y claro, ese tiempo hay que dedicarlo a algo. Pues yo lo dediqué a leer libros. Muchos de ellos de psicología. Era fácil verme en el autobús con manuales de neurociencia, de psicología cognitiva o de psicología social. Era solamente el principio, porque a partir del cuarto curso empecé el itinerario de psicología clínica y me maravilló. Me encantaba aplicar las técnicas psicológicas a los problemas con los que acudía la gente. Claro que solamente era teoría.

Ya casi al final de la carrera, en las prácticas, comencé a ver lo que en realidad se hacía con todo el conocimiento que había ido adquiriendo durante los últimos años. Vi cómo se aplicaba la psicología clínica para ayudar a personas de carne y hueso.

Me di cuenta de algo que revolucionó mi forma de ver esta ciencia. Lo que había detrás de un diagnóstico, de una puntuación en un test o de un informe psiquiátrico era un ser humano. Una persona que te miraba, que hablaba contigo, que te contaba lo que le ocurría y que depositaba en ti su esperanza. Esto dejaba de ser un juego, había que tomarse la profesión en serio.

Lo tenía claro, en cuanto acabé la carrera, empecé un máster en Psicología clínica y de la salud. Sabía que quería dedicar mi vida a esto. A los pocos días de comenzar, ya tenía trabajo en una clínica. Me iba a enfrentar yo solo a la experiencia de intentar ayudar a otra persona.

No voy a engañarte, el primer día iba muerto de miedo. Alguien desconocido había reservado una cita para que yo lo ayudara. ¿Quién era yo para ayudar? ¿Estaría a la altura? ¿Se daría cuenta el paciente de que era mi primer caso? ¿Me habría equivocado de profesión? ¿Debería replantearme mi vida y poner un bar? Todos estos pensamientos asaltaban mi cabeza (no te preocupes, vamos a ver a lo largo del libro cómo combatirlos), pero al final vencí el miedo y me lancé.

En aquel momento tomé conciencia real de la importancia de esta profesión. Cada día de mi vida, con cada paciente, tenía que estar al cien por ciento. No podía fallarle a alguien que ponía su vida en mis manos. Me tocaba seguir estudiando el resto de mi vida, me tocaba seguir preparándome, ir a congresos todos los años, investigar y, sobre todo, entregarme totalmente a cada persona que cruzara el umbral de la puerta de mi despacho.

¿Y sabes qué?

Que lo hago con todas las ganas y la pasión del mundo.

En un momento de mi carrera profesional, se me presentó la oportunidad de trabajar para una gran empresa de ámbito estatal. Las condiciones sobre el papel eran geniales, trabajo de 8:00 a 15:00 horas, bien pagado, ejerciendo de psicólogo en Málaga. Con las dificultades que había en España a finales de 2013 y a mí, con veintiséis años, ¿me ofrecían esta oportunidad?

No tuve más remedio que aceptar.

Lo que ocurrió es que no era tan bonito como yo lo había pintado en mi cabeza. La realidad es que había dejado atrás a mi familia, a mi pareja y a mis amigos.

Además, el día a día en el trabajo no se parecía en nada a lo que yo hacía anteriormente. En la anterior clínica podía atender a cuatro o cinco pacientes al día como mucho. Dedicarles el tiempo necesario y poner toda mi alma en ayudar. En la nueva empresa, me enfrentaba a un promedio de dieciséis pacientes al día. Uno cada quince minutos. ¡Una barbaridad! No podía casi ni preguntar cuál era el motivo de la consulta.

15

Al ver a tantas personas (en dos años y medio evalué a más de mil quinientas), me fui dando cuenta de que los mecanismos de la tristeza no variaban demasiado de unas personas a otras. Eran bastante parecidos. Además, el hecho de tener tan poco tiempo para atender a las personas y que muchas de ellas me pidieran que les recomendara algún libro de autoayuda que les pudiera apoyar, me hizo darme cuenta poco a poco de que a lo mejor podía escribir algo que pudiera complementar lo que les enseñaba en los pocos minutos que podía dedicarles. Me armé de valor y decidí escribir un texto detallando paso a paso las acciones necesarias para vencer la tristeza.

El resultado es el libro que tienes ahora mismo en tus manos.

Lo cierto es que después de dejar atrás mi vida en Madrid mi día a día no era como yo había soñado. Había perdido el contacto diario con mi familia, con mis amigos, con mi pareja de entonces y hasta mi identidad.

Era una vida complicada. Tenía que viajar dos o tres días a la semana a Sevilla (a unos doscientos kilómetros) y vivir solo en un hotel.

Los días que estaba en Málaga acababa de trabajar a las tres de la tarde y no tenía con quién salir a dar un paseo. Los días que estaba en Sevilla eran aún peores, no tenía a nadie con quien convivir y lo máximo que hacía era ir al cine solo.

Además, el trabajo era estresante, parecía que solamente importaban los datos, nadie se preocupaba por el bienestar de las personas. A mí me interesaba exactamente lo contrario, por lo que la presión de mis siete u ocho jefes era insoportable.

Reconozco que la situación me quedó grande y acabé con el estado de ánimo por los suelos. El primer verano en Málaga lo pasé tumbado en un sofá. ¿Cómo podía un psicólogo deprimirse? Pues por los mismos procesos por los cuales los demás lo hacen. Soy humano y ante esta situación me vine abajo.

Noté que empezaba a mirar el futuro sin esperanza, que me sentía mucho más ansioso de lo que me había sentido nunca. Tenía presión en el pecho, me costaba conciliar el sueño y cuando me despertaba era como si no hubiese pegado ojo. Perdí las ganas de cocinar y empecé a alimentarme de forma muy poco sana. Dejé el deporte. Mis aficiones ya no me llenaban. Mi guitarra se quedó guardada durante más de seis meses en su funda. Notaba que algo malo estaba ocurriendo en mi cuerpo.

Confieso que al principio no presté atención a mis emociones y fingí que nada ocurría. Me negaba a mí mismo el estado en el que estaba. Esto, lejos de ayudarme, hizo que los síntomas se hicieran mucho más intensos.

Con el estado de ánimo por los suelos, sin nada que hacer por las tardes y con decenas de personas pidiéndome que les recomendara un libro, se me ocurrió la idea. Programé un plan de actuación con las técnicas que habían demostrado más eficacia según las evidencias científicas y me lo autoapliqué. Fui escribiendo los pasos que tenía que seguir semana a semana y los fui adaptando para que cualquiera que no tuviera ni idea de psicología pudiera hacer lo mismo que estaba haciendo yo.

Fue un proceso muy duro. Me vi en la misma situación en la que se encontraban mis pacientes. Reconozco que en parte me vino muy bien para comprenderlos y empatizar con ellos al cien por ciento.

Me encontré con las dificultades que se encontraban ellos día a día. Entendí por qué es tan difícil hacer deporte cuando estás triste. Experimenté en carne propia los síntomas depresivos y comprendí que salir de ese pozo es de héroes.

A los pocos meses, mi vida dio un vuelco. Poco a poco fui recuperando el estado de ánimo y la sonrisa. Me adapté a mi vida en Málaga, empecé a hacer deporte, encontré amigos espectaculares, volví a dedicarme a la psicología que realmente me llenaba, comencé una página web y encaré a todos mis jefes (hasta que felizmente me despidieron).

Ahora no tengo jefes, trabajo en mi propio consultorio y atiendo a las personas que buscan mi ayuda como se merecen. Y te confieso que he recuperado la sonrisa.

El objetivo de este libro: aprender a gestionar la tristeza

El principal objetivo de este libro es darte las herramientas necesarias para que puedas aprender a gestionar la tristeza.

He pretendido agrupar las técnicas que han demostrado mayor eficacia en miles de personas en todo el mundo y enseñarte a aplicarlas paso a paso. Como ya he dicho antes, no pretendo que este manual sustituya la actuación de un profesional, pero puedes hacerte una idea bastante precisa de lo que se hace en la consulta con un psicólogo.

Lo que quiero es darte poder. Llenar tu mochila con recursos. Quiero que sepas qué hacer cuando notes que tu estado de ánimo se viene abajo.

La vida es muy parecida a hacer senderismo o caminatas. Hay veces que el camino es llano, el sol nos da en la cara y el paseo es agradable; y otras que hay que escalar una montaña, el frío nos corta la piel y nos invaden las ganas de renunciar. Lo que yo pretendo es ofrecerte las mejores herramientas para emprender la aventura. Será tu tarea aprender a utilizarlas... ¡Tener la mejor caña de pescar no te asegura pescar el pez más grande!

Quiero que cuando acabes este libro tengas claro qué pasos tienes que seguir para dejar de estar triste. Quiero que cuentes con todas las herramientas con las que he contado yo. Quiero que de verdad te ayude.

Toda la mejoría que experimentes será gracias a tu esfuerzo. La aplicación de estas técnicas en tu vida diaria es el equivalente a tener un profesor particular. Puede que te ayude en todo el proceso de estudio y te enseñe métodos que por ti mismo nunca hubieses aprendido, pero al final, el que realiza el esfuerzo, el que pasa horas estudiando y el que se presenta al examen eres tú. Por ello quiero que te quede muy clara una cosa: la mejoría que vas a tener va a ser mérito tuyo, no mío.

Eso sí, este libro no pretende ser otro manual de autoayuda que te dice que la vida es de color de rosa, que si quieres puedes o que hay que ser siempre positivo. Todo lo contrario. Si a uno lo echan del trabajo y no tiene dinero para comer, lo normal es que esté triste, ansioso y enojado. Tampoco quiero que caigas en la trampa de la búsqueda de la felicidad constante. Te garantizo que no es real. Cuando te toque pasar por momentos difíciles, lo pasarás mal. El que te diga lo contrario o miente o es un iluso. No quiero que este libro sea una anestesia para todas las injusticias que vivimos en el día a día. Hay situaciones en las que el malestar te empujará a luchar y eso es bueno.

Por lo tanto, si esperas encontrar en este libro todo lo que quieres oír, lo siento, pero no. La vida es dura y aprender a regular emociones no es nada fácil. Si quieres aprender, te va a tocar trabajar. ¡El resultado merece la pena!

¿Cómo utilizar este libro?

Este libro está pensado para combinar la teoría y la práctica. Como te he anticipado, no basta con leer de forma pasiva el libro, así que se ha programado una parte práctica en cada capítulo. Se trata de que vayas incorporando las técnicas aquí descritas a tu vida cotidiana para así ir mejorando el estado de ánimo de forma progresiva.

Además, en cada capítulo, acompañando a la técnica principal que pretende reducir la tristeza, se incorpora una técnica opcional que te puede beneficiar durante el proceso en el que estás para incrementar tus emociones positivas y así contribuirá a tu bienestar.

Los efectos de estas técnicas son acumulativos, por lo que no esperes que después del primer capítulo la liberación de la tristeza sea completa. Tampoco te alarmes si una semana estás peor que la anterior, los altibajos son normales y previsibles; persiste en llevar a cabo lo que te recomiendo y verás la mejoría. Por supuesto, si en algún momento ves que mis recomendaciones no son suficientes, acude inmediatamente a un profesional.

También se incluye, al final de cada capítulo, un pequeño apartado con curiosidades científicas. Su objetivo no es otro que darte a conocer con más detalle esta disciplina.

A continuación tienes un plan de trabajo para que te hagas una idea de la programación. Por supuesto, es flexible; si necesitas más tiempo, tómatelo.

Tabla 1. Plan de trabajo

	Actividades agradables	Detectar pensamientos automáticos negativos	Cambiar pensamientos automáticos negativos	Asertividad	Solución de problemas	Prevención de recaídas
Semana 1	X					
Semana 2	X					
Semana 3	X	X				
Semana 4	X	X				
Semana 5	X	X				
Semana 6	X	X	X			
Semana 7	X	X	X			
Semana 8	X	X	X	X		
Semana 9	X	X	X	X		
Semana 10	X	X	X	X		
Semana 11	X	X	X	X	X	
Semana 12	X	X	X	X	X	X

¿Qué me dices? ¿Te animas a empezar este viaje conmigo? ¡Vamos!

1

¿QUÉ SON LAS EMOCIONES?

> No olvidemos que las pequeñas emociones
> son las capitanas de nuestras vidas y las obe-
> decemos sin siquiera darnos cuenta.
>
> VINCENT VAN GOGH

¿Cuántas veces has usado y has oído la palabra *emoción*? Seguramente, una infinidad. Pero ¿te has parado a pensar qué
es en realidad? Cuando alguien viene a mi consulta y le pregunto qué son las emociones para él, es muy habitual que se
produzca un silencio.

Vivimos en un mundo en el que se promociona muy poco
la expresión de emociones. Nos enseñan desde pequeños que
llorar es de débiles y que estar ansioso es malo. Por ello,
aprendemos a esconder lo que sentimos y no escuchamos a
nuestro cuerpo cuando este nos manda información. ¿Crees
que la tristeza, la ansiedad o la ira son malas? Seguramente,
habrás contestado que sí, que nadie quiere sentir esas emociones tan desagradables, que es mejor no tener ansiedad, no
estar triste o no estar enfadado. Si es así, la respuesta te va a
sorprender, puesto que sin estas emociones estaríamos todos
muertos.

Sí, has leído bien. Muertos. El cerebro humano ha evolucionado durante miles de años para sentir lo que sientes en
este momento. En algún punto de esta evolución estas emociones han sido útiles para la supervivencia. Por ejemplo, en
el caso de la ansiedad y del miedo. Somos los nietos de los
nietos de los nietos (así, miles de años) de los que experimen-
taron estas emociones al ver una alimaña acechar. Esta emoción los preparaba para salir corriendo y evitar el contacto

con estos bichos. Los que no sintieron miedo fueron su comida y no pudieron reproducirse.

Pero no creas que las emociones nos fueron útiles solamente en el pasado. Por ejemplo, en el momento actual, si no sintieras ansiedad, la próxima vez que cruzaras el semáforo en rojo y viniera un coche a toda velocidad, no reaccionarías, por lo que efectivamente ahora mismo estarías muerto.

En el caso de la tristeza, la principal función que cumple es la de reducir actividad para conservar energía. Hay dos situaciones que hacen que se dispare: la pérdida de algo o de alguien (puede ser un familiar, una mascota, un empleo, una oportunidad, el estatus, el ocio, etcétera), o la percepción de poca eficacia (por ejemplo, cuando nos sale mal una entrevista de trabajo o un examen al que habíamos dedicado mucho tiempo).

Además, cuando nos encontramos tristes, nos volvemos más reflexivos. Pensamos continuamente en nuestra pérdida, y esto —en determinados momentos— puede ser una actitud muy adaptativa, puesto que posiblemente desarrollaremos estrategias nuevas para enfrentarnos a situaciones similares a la ocurrida y evitar así una nueva pérdida.

Esta emoción tiene una función social muy importante, la de generar empatía en nuestros iguales. Si te pregunto qué harías si ves triste a tu mejor amiga, seguramente me dirás que consolarla o intentar ayudarla, ese es el efecto que tiene la tristeza en los demás en un primer momento. Esta función ayuda a conservar la cohesión del grupo. ¿No te han dicho nunca que los momentos difíciles unen a las personas?

Imagínate viviendo hace diez mil años en una tribu, en mitad del bosque. El cerebro humano es el mismo que entonces, por lo que está adaptado a ese tipo de vida. Imagina ahora que sufres la pérdida de un ser querido: tu cerebro te hace parar en seco, te pone en modo «ahorro de energía», te hace estar más reflexivo. A su vez, los demás miembros de la tribu, seguramente, empatizarán con tu situación y te animarán a superarla. Por lo que poco a poco irás sintiéndote cada vez más animado. Además, debido a la reflexión que la emoción te ha empujado a hacer, seguramente saldrás del episodio de tristeza con nuevas ideas para superar una situación similar en el futuro.

Esa es la función de la tristeza. Lo que ocurre es que desgraciadamente la sociedad ha evolucionado mucho y nuestros cerebros no, por lo que hay situaciones en las que la función adaptativa de la emoción no nos ayuda con los problemas cotidianos.

A continuación, se resumen en la tabla 2 ante qué elementos suelen aparecer las emociones y las funciones de estas respecto a nosotros mismos y respecto a los demás.

La naturaleza adaptativa de las emociones

Como ya hemos comentado, todas las emociones son indispensables para la vida, tanto las que nos resultan agradables como las desagradables. Todas ellas nos dan información muy valiosa de lo que está ocurriendo tanto a nuestro alrededor como en nuestro interior. Lo que ocurre es que desgraciadamente muchas veces no tenemos los recursos necesarios para regularlas y su intensidad, duración o frecuencia son demasiado altas y nos dificultan llevar una vida normal.

Las emociones primarias —como son el miedo, la ansiedad, la tristeza o la ira—, aparte de darnos información muy importante sobre lo que está pasando, como ya he señalado, nos motivan y nos empujan a actuar.

En el caso del miedo, es un sistema de alarma que se activa ante la percepción de peligro. Cuando aparece esta emoción, el cuerpo se prepara para luchar o huir. Ante una situación de peligro inminente, nuestro organismo se prepara en los planos fisiológico, cognitivo y conductual para dar una respuesta de ataque o huida. Imagínate que estás solo en casa. Te acabas de acostar y escuchas un ruido. Te levantas y ves que unos ladrones están intentando entrar en tu hogar. Seguramente sentirías unas ganas irrefrenables de salir corriendo. En este caso, una emoción que puede ser muy incómoda de sentir, te ayuda a salvar la vida.

23

Tabla 2. Función de las emociones

Emoción	Elemento suscitador	Función respecto a uno mismo	Función respecto a los demás
Ira	Frustración de objetivos.	Eliminar obstáculos o fuentes de frustración.	Prevenir posibles ataques o la agresión relacional al objetivo.
Tristeza	Pérdida de un objeto valorado; falta de eficacia.	Reducir actividad previniendo un posible trauma posterior; conservar energía.	Suscitar compasión y empatía.
Miedo	Percepción de peligro.	Identificar la amenaza; promover el ataque o la huida.	Indicar sumisión; prevenir ataques.
Desprecio	Percepción de superioridad.	Organizar y promover la posición social y la dominancia.	Indicar dominancia sobre otros.
Vergüenza o timidez	Conciencia de ser observado.	Proteger posibles violaciones de la intimidad.	Indicar necesidad de intimidad.
Culpa	Reconocimiento de haber hecho algo mal cuando el escape no es posible.	Da lugar a intentos de reparación.	Producir posturas sumisas que reduzcan la posibilidad de ataque.
Asco	Percepción de sustancias o individuos peligrosos.	Repeler cosas nocivas.	

Fuente: María Dolores Ávia y Carmelo Vázquez, *El optimismo inteligente*, Madrid, Alianza, 2004.

La ansiedad es una emoción orientada al futuro. Nos ayuda a prepararnos para posteriores situaciones de peligro. Gracias a ella, el cerebro nos empuja a movilizar recursos y a estar preparados para afrontar una situación difícil. Por ejemplo, piensa en el último examen que hiciste o la última presentación en público. Seguramente, la tarde anterior te encontrabas inquieto. El cerebro te estaba empujando a preparar la situación que tenías que afrontar al día siguiente. Te estaba dotando de la energía y de la activación necesarias para que pudieras estudiar o practicar lo que habías preparado. En su justa medida, esta emoción nos puede ayudar a adaptarnos a nuestro medio.

La tristeza siempre surge ante la percepción de un suceso como negativo e incontrolable. Generalmente, una pérdida. Lo que nos pide el cuerpo es guardar energía, por ello nos sentimos tan cansados o abatidos. Además, funciona como alarma para otros seres humanos y despierta la empatía. Por ello, cuando vemos a un amigo triste generalmente nos interesamos por su estado. Imagínate que acaba de fallecer un familiar cercano. Ante la percepción del suceso como incontrolable, tu cuerpo se pone en modo «ahorro de energía» y te empuja a que dejes de hacer cualquier actividad. Se prepara para pasar el luto. Además, seguramente tus seres queridos te apoyarán en esta situación tan difícil. Como ves, también la tristeza puede ser buena. En este caso moviliza a tus amigos para que te ayuden a sobreponerte a este golpe.

Por otro lado, la ira surge ante la percepción de una injusticia. Suele ser ante una conducta lesiva que advertimos como intencional. Esta emoción nos ayuda a movilizar recursos para defendernos de quien nos está atacando. Por ejemplo, tu jefe mañana te baja el sueldo 25 %. Ante la percepción de la situación, tu cuerpo seguramente sentirá ira. Lo que te pedirá esta emoción es defenderte de la agresión. Puedes hacerlo de formas adaptativas, como pedirle explicaciones de forma educada. Si es así, la emoción también te ayudará a adaptarte al medio, ya que es más probable que evites una agresión si por lo menos manifiestas tu opinión en contra.

Como puedes comprobar, absolutamente todas las emociones tienen una función y son útiles, por lo que desterremos de una vez la existencia de emociones *malas, negativas* o *tóxicas*.

Los tres componentes de las emociones

Cuando uno no tiene práctica en prestar atención a sus estados emocionales, es muy común que los sienta como una gran nube de sentimientos incómodos. Pero cuando empezamos a prestar atención a lo que sentimos podemos dividir todas las respuestas de nuestro organismo en tres sistemas diferentes: el sistema cognitivo, el fisiológico y el conductual.

Sistema cognitivo

Se refiere a todo aquello que pensamos cuando nos sentimos de una manera determinada. Generalmente, ante una emoción intensa, el tipo de información que aparece en nuestra mente está sesgado y es de carácter emocional más que racional.

Por ejemplo, cuando nos sentimos muy tristes, es muy común que pensemos que no valemos nada. Ese tipo de pensamiento está totalmente distorsionado y no se basa en la realidad. Es fruto de la intensidad de la emoción que estamos viviendo.

Sistema fisiológico

Se refiere a todos los cambios corporales que se producen ante la aparición de un estado emocional intenso. Variables como la tasa cardíaca, la sudoración, la tensión muscular, la dilatación de la pupila o la actividad intestinal se encuentran moduladas por este sistema.

Por ejemplo, ante la aparición de un depredador, nuestra tasa cardíaca sube, se agita la respiración, nuestros músculos

26

se tensan y dejamos de hacer la digestión. Todas estas respuestas están enfocadas a lo mismo: conseguir escapar.

Sistema conductual

Se refiere a todas aquellas acciones que hacemos o que tenemos el impulso de hacer cuando nos encontramos en un estado emocional intenso. Puede que el cuerpo te pida escapar de una situación o meterte en la cama, depende de la emoción que estés sintiendo.

Si, por ejemplo, te encontraras en un centro comercial y de repente este fuese asaltado por un grupo terrorista, la emoción de miedo te empujaría a salir corriendo para poder escapar.

Como ves, una vez que analizamos cada emoción que sentimos, podemos clasificar las respuestas que da nuestro organismo en estos tres sistemas. Hacer esto te ayudará a incrementar tu capacidad para regular la emoción. Si empiezas a atender a lo que sucede en tu cuerpo, pronto dejarás de sentir esa nube de sentimientos desagradables para empezar a ser mucho más consciente de lo que está ocurriendo.

Te pongo un ejemplo para que lo veas más claro. Desde siempre he sido muy cohibido. Siempre me ha costado permanecer en reuniones sociales. Sobre todo, con personas nuevas. Con los años, he ido mejorando mucho hasta que casi ni se me nota, pero no siempre fue así. Recuerdo el primer día de universidad, iba atacado de los nervios. Recuerdo que, yendo en el autobús, sentía un profundo malestar. No sabía definir muy bien lo que ocurría en mi cuerpo, puesto que en ese momento mi educación emocional era prácticamente nula. Ahora sí que puedo hacer un análisis más concienzudo. Mis pensamientos eran del tipo: «¿Y si no consigo hablar con nadie?», «¿Y si estoy los cinco años de carrera sin amigos?», «En la carrera solamente hay chicas, seguro que piensan que soy un chico muy raro». Todo este tipo de pensamientos me hacían ponerme aún más nervioso.

A nivel fisiológico, notaba una presión en el pecho. También las llamadas «mariposas en el estómago» y notaba cómo me iba poniendo colorado. La noche anterior incluso perdí el apetito y el sueño, y notaba mis músculos tensos. Lo que me pedía el cuerpo era salir corriendo. Por un lado, me apetecía mucho empezar una nueva vida, pero si soy sincero, lo que más me apetecía era bajarme del autobús y volver a casa. Menos mal que no lo hice y enfrenté mi ansiedad.

Como puedes ver, ahora sí soy capaz de clasificar todas mis respuestas en los tres sistemas. No te preocupes, con un poco de práctica tú también podrás hacerlo.

Respuestas impulsadas por la emoción

En muchas ocasiones, como ya hemos visto, las emociones nos empujan a dar una respuesta que nos ayuda a sobrevivir. En el caso del miedo, por ejemplo, la respuesta de huida nos puede salvar la vida en un momento determinado.

Pero otras muchas veces estas mismas respuestas perpetúan el estado emocional. Es decir, puede que a corto plazo nos ayuden a reducir el malestar producido por la emoción, pero a largo plazo fomentan su aparición.

Generalmente, las respuestas impulsadas por la emoción son útiles cuando nos encontramos en un medio parecido a aquel en el cual evolucionamos. Por ejemplo, ante la aparición de un depredador, la emoción de miedo nos empujará a salir corriendo. En nuestra sociedad, pocas veces nos encontramos en esta situación. Lo malo es que puede que nuestro cerebro reaccione con miedo ante nuestro jefe enfadado. En este caso, la respuesta impulsada por la emoción será exactamente la misma que tendría ante un depredador, pero en este caso, salir corriendo no nos ayuda.

Habitualmente, las respuestas impulsadas por la emoción de la ansiedad son de escape o de huida. Las situaciones en las que aparece esta emoción no son realmente de peligro de muerte, por lo que la huida no es adaptativa. Lo que ocurre es que el cerebro aprende que a corto plazo, si evita una situación que le genera este malestar —o escapa de ella—, la ansiedad se reduce. El problema es que solamente es a corto plazo; a largo plazo, ante situaciones similares, la emoción de ansiedad volverá a aparecer.

Es muy común este tipo de respuestas, por ejemplo, en personas con fobia social. Evalúan el contacto social como una amenaza. Su cuerpo reacciona y las empuja a abandonar la interacción. Por ello suelen evitar las reuniones sociales. Lo que sucede es que cuando dejan de acudir a este tipo de reuniones, no le dan la oportunidad al cerebro a reevaluar la situación y ver que en realidad no se trata de algo peligroso. Por ello, cuando se vuelve a dar la misma situación, las emociones de ansiedad y de miedo vuelven a aparecer.

Como me ocurrió a mí el primer día de universidad. Si me hubiese dejado llevar por la emoción, a corto plazo habría experimentado un alivio inmediato. No me hubiese tenido que enfrentar a lo que tanto miedo me daba. Pero a largo plazo, dar este tipo de respuesta me habría impedido dedicarme a lo que realmente me gusta. No habría sido capaz de mejorar mis habilidades sociales y seguiría reaccionando con ansiedad ante estas situaciones.

En el caso de la tristeza, la respuesta impulsada por la emoción puede ser quedarse en casa tumbado en la cama. En un primer momento puede suponer un alivio no tener que salir para afrontar los problemas de la vida diaria, pero a largo plazo, como veremos, esta inactividad produce más tristeza, por lo que nos vemos en un círculo vicioso de tristeza e inactividad.

Cuando mi estado de ánimo se encontraba peor, lo que me pedía el cuerpo era quedarme en el sofá. No ir a trabajar, no ver a nadie y simplemente permanecer delante del televisor hasta que se acabara el día. De haberme dejado llevar por la tristeza, mis síntomas habrían empeorado muchísimo. Menos mal que me di cuenta a tiempo y me puse manos a la obra a regular la emoción.

Antecedentes, respuestas y consecuencias
de los estados emocionales

Las emociones tienen una causa. No nos encontramos tristes o ansiosos porque sí, sino que se debe a la aparición de un evento que desencadena el estado emocional.

Todo estado emocional tiene un antecedente. Es decir, el cerebro siempre reacciona ante algo que ocurre. Puede ser una situación o un pensamiento que hemos tenido. Puede incluso ser una reacción fisiológica.

Una emoción puede surgir ante una situación del día a día, como una discusión con tu pareja. Ante este hecho, tu cerebro inducirá un estado emocional probablemente de ira que te pedirá que reacciones defendiéndote.

Podemos reaccionar también con una emoción de tristeza ante el pensamiento de que no valemos nada. Esta emoción nos puede empujar, a su vez, a que nos quedemos en la cama todo el día.

O quizás el desencadenante sea una sensación fisiológica, como una taquicardia. Ante esta sensación, nuestro cuerpo puede reaccionar con miedo intenso y la respuesta inducida por la emoción nos puede llevar a llamar a urgencias.

Las respuestas emocionales, como ya hemos visto, se descomponen en tres sistemas —el cognitivo, el fisiológico y el conductual—. Ante el desencadenante del estado emocional, tu cuerpo generará una serie de respuestas dirigidas a la supervivencia. Estas respuestas siempre se pueden clasificar en estos tres sistemas.

Las consecuencias pueden ser a corto y a largo plazo. Generalmente, las consecuencias a corto plazo, como implican una reducción de la emoción, se refuerzan y aprendemos a dar la misma respuesta ante situaciones similares. Por ejemplo, ante la aparición del miedo al hablar con una persona que te atrae, puedes dar una respuesta de huida, que a corto plazo tendrá la consecuencia de reducir la ansiedad.

Las consecuencias a largo plazo pueden ser perjudiciales en determinadas respuestas. Por ejemplo, si evitamos o huimos ante situaciones en las que aparezcan personas que nos atraen, a largo plazo siempre responderemos con miedo ante estas situaciones y es probable que no lleguemos a interaccionar con alguien que nos gusta más de unos minutos.

Observa en la figura 1 cómo funcionan los procesos emocionales.

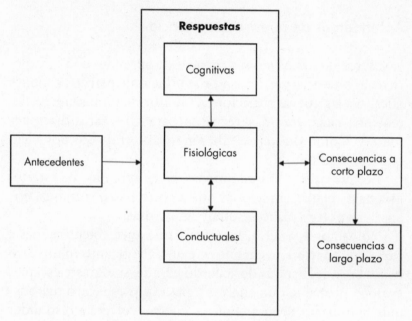

Figura 1. Procesos emocionales.

Puede que no tengas claro cuáles son los antecedentes de la emoción que estás sintiendo; que te levantes con una sensación de ansiedad o de tristeza y no sepas por qué. No pasa nada, simplemente es que no te has dado cuenta de lo que estaba pasando. O quizá pensaste en algo que te produce tristeza o la misma sensación de cansancio haya desencadenado esa emoción. Es cuestión de entrenarte en la observación.

Antes, cuando me encontraba triste, siempre lo achacaba a que hay épocas difíciles en las que me tenía que sentir de esa manera. Cuando empecé a aprender cómo funcionaba nuestro cerebro, entendí que no era así. Siempre había un desencadenante de la emoción. Entendí que había determinadas acciones que podía ejercer para encontrarme mejor y pronto eliminé de mi vida los largos periodos de tristeza.

Lo que pretendo con este libro es que tú puedas hacer lo mismo que hice yo. Así que vamos a ello.

Aprendemos de nuestra experiencia

Los seres humanos somos capaces de aprender con la experiencia. Nuestras vivencias nos ayudan a adaptarnos con más eficacia a las nuevas situaciones. Conforme vamos creciendo, tenemos cada vez más recursos para afrontar situaciones nuevas. Como dice el refrán, «más sabe el diablo por viejo que por diablo».

Lo que ocurre es que muchas veces aprendemos estrategias para regular emociones que a corto plazo son muy útiles, pero a largo plazo resultan desastrosas.

Volvamos a la selva. Imagínate que ayer, mientras ibas a cazar con tu tribu, te encontraste un tigre gigante en un claro de un bosque. Estarás de acuerdo en que, si lograste escapar, es poco probable que vuelvas a pasar por ese claro del bosque. Si lo haces, seguramente tu cuerpo volverá a responder con miedo, aunque el tigre no esté presente, además, seguramente generalizarás esta respuesta de tu cuerpo ante situaciones similares, como, por ejemplo, otros claros de bosque que se parezcan al primero.

Y es que cuando experimentamos una respuesta emocional intensa, nuestro cuerpo aprende y la hace nuestra. El cerebro toma nota del antecedente que provocó la situación, de la emoción que sentimos y de las consecuencias a corto plazo.

Si las consecuencias fueron que experimentaras una reducción de la emoción, el cerebro aprenderá a dar este tipo de respuesta. Como ya hemos comentado, los efectos a corto plazo pueden ser muy beneficiosos, pero a largo plazo pueden ser demoledores.

Por ejemplo, ante un desencadenante como puede ser una ruptura de pareja, al percibirlo como incontrolable, seguramente sentiremos tristeza. Aparecerán pensamientos del tipo «Nunca voy a poder recuperar a mi pareja» o «Sin él [o ella] no soy nadie», seguramente te sentirás inquieto, te costará dormir, perderás el apetito y el cuerpo te pedirá meterte en la cama y reducir la actividad.

Esta respuesta puede ayudarte a corto plazo. No estás preparado para enfrentar las exigencias del día a día en este momento. Seguramente te sentirás a gusto en la cama o por lo menos mejor que yendo a trabajar. Como se produce una reducción de la emoción desagradable, el cerebro aprenderá a dar esta respuesta. Al día siguiente, probablemente te vuelvas a sentir triste mirando una foto o recordando los momentos que pasaste junto a tu pareja y tu cerebro volverá a impulsarte a responder de la misma manera: metiéndote en la cama.

Al final, este círculo vicioso hace que la tristeza sea cada vez más intensa y el aprendizaje se afiance cada vez más. Por eso, cuando llevamos un tiempo tristes nos cuesta tanto activarnos.

Por poner otro ejemplo, si ante compromisos sociales experimentamos una emoción de ansiedad o de miedo, lo que nos pedirá el cuerpo es huir. Si aprendemos a reaccionar de esta manera, pronto empezaremos a evitar este tipo de situaciones y no dejaremos que el cerebro entienda que no hay ningún tipo de peligro en ellas. Por esta razón, la emoción de ansiedad aparecerá en cada ocasión en la que tengamos que enfrentarnos a una reunión social.

El proceso de regulación emocional

El proceso de regulación emocional, según James J. Gross, incluye «aquellos procesos por los cuales las personas ejercemos una influencia sobre las emociones que tenemos, sobre cuándo las tenemos y sobre cómo las experimentamos y las expresamos».[*]

* Gross, J. J., «Emotion and emotion regulation», en L. A. Pervin y

Es decir, regular las emociones supone conseguir que estas cumplan su valor adaptativo. Cuando logramos realizar el proceso con éxito, lejos de suponer una carga y afectarnos en nuestra vida diaria, ponemos las emociones a nuestro servicio.

Como ya hemos visto, todas las emociones tienen un valor adaptativo. Es decir, cumplen una función para nuestra supervivencia. Como ya hemos explicado, adaptan nuestro estilo de pensamiento, nuestra fisiología y nos empujan a realizar conductas con el fin de que estemos convenientemente adaptados a nuestro medio.

Muchas veces, las consecuencias a corto plazo de nuestras reacciones emocionales suponen dificultades a largo plazo. Y lejos de ayudarnos en nuestro día a día, consumen nuestros recursos.

Según Gonzalo Hervás y Carmelo Vázquez, existen tres vías por las cuales puede haber problemas en el proceso de regulación emocional.

—La primera vía supone un *déficit de regulación por ausencia de activación del proceso*. Es decir, aunque experimentamos emociones que nos hacen sentir incómodos, no hacemos absolutamente nada por intentar regularlas. Es común en personas que se encuentran tan tristes que no hacen ningún esfuerzo por reducir la emoción. A mí me ocurrió cuando me encontraba profundamente deprimido: simplemente, me limitaba a ver pasar las horas, sin hacer nada por intentar disminuir mi tristeza.

—La segunda vía se refiere a la *ineficacia de las estrategias de regulación emocional*. En este caso, las estrategias que usamos no son útiles para hacer bajar la frecuencia, la intensidad y la duración de las emociones que nos resultan incómodas. Es decir, una estrategia puede

O. P. John (comps.), *Handbook of Personality: Theory and Research*, Nueva York, Guilford, págs. 525-552.

ayudarnos a regular una emoción en ciertas ocasiones, pero en otras puede ser ineficaz. Por ejemplo, ante estados de ansiedad o tristeza, la distracción funciona mejor que la preocupación a corto plazo. Pero a mediano plazo, la estrategia que ha demostrado ser más eficaz es la reflexión.

Cuando todavía tenía miedo a las reuniones sociales, era muy común que cayera en la trampa de permanecer en silencio, en un segundo plano. A corto plazo reducía la ansiedad, pero poco a poco la situación se enrarecía, puesto que era extraño que mientras todo el mundo interaccionaba, yo estuviese en una esquina callado. Poco a poco, la emoción de ansiedad se iba incrementando ante pensamientos del tipo «parezco un bicho raro, aquí en una esquina sin hablar con nadie», al final acababa yéndome antes de tiempo y reforzaba la aparición de ansiedad ante estas situaciones. Como ves, la estrategia que yo utilizaba no era la mejor.

—La tercera vía se refiere a que *las estrategias de regulación emocional son en sí mismas disfuncionales*. Es decir, puede que nos ayuden a reducir la emoción a corto plazo, pero son en sí mismas dañinas para nuestra salud. Así ocurre con estrategias como la autolesión: muchas personas recurren a hacerse daño para reducir la intensidad de sus emociones. Obviamente, se trata de una estrategia que afecta directamente a su bienestar.

Otro ejemplo puede ser el consumo de alcohol u otras sustancias, que en un primer momento pueden suponer una reducción de la ansiedad, pero a largo plazo tienen consecuencias nocivas para nuestra salud. Es muy común utilizar el alcohol como facilitador social. Todos hemos caído alguna vez en la trampa de tomar una cerveza con el fin de encontrarnos más cómodos en determinadas situaciones. No digo que sea un problema tomar un par de cervezas en una reunión social, el problema es utilizar tanto esta estrategia que se necesite para socializar.

Según el modelo de regulación emocional propuesto por Hervás (2011), antes de conseguir ejercer influencia en nuestras emociones, hay que pasar por unos estadios previos.

Si existe algún problema en alguno de los estadios, generalmente el proceso de regulación emocional no será satisfactorio. El modelo consta de seis estadios.

—El primer estadio es la *apertura emocional,* es decir, la capacidad de la persona para poder tener acceso a sus emociones. Existen personas en las que aparece un síntoma muy curioso, llamado *alexitimia,* que es precisamente la incapacidad para identificar y describir las propias emociones.

—El segundo estadio se refiere a la *atención emocional,* es decir, a prestar atención a la emoción que estamos sintiendo. El caso opuesto sería hacer esfuerzos por no prestar atención a lo que está ocurriendo en nuestro cuerpo. Cuando utilizamos esta estrategia, nuestro cerebro se empeña en que nos demos cuenta de lo que ocurre y generalmente incrementa la intensidad de la emoción.

—En tercer lugar, aparece la *aceptación emocional,* es decir, asumir sin juicios negativos lo que estamos sintiendo. En muchas ocasiones podemos sentirnos culpables, ansiosos, tristes o enfadados por experimentar una emoción. En estos casos, lo que está ocurriendo es que juzgamos como negativa la emoción primaria, dando lugar a emociones secundarias que afectan aún más a nuestro estado de ánimo.

—En cuarto lugar, se sitúa el *etiquetado emocional,* es decir, comprender qué emoción estamos sintiendo y saber nombrarla con claridad. En general, encuentro a muchas personas que al principio de la terapia no discriminan bien sus emociones negativas. En lugar de etiquetarlas por su nombre, las concentran todas en dos grupos, «estar bien» y «estar mal».

—El quinto estadio es el *análisis emocional,* es decir, la capacidad para entender y reflexionar sobre el significado de las emociones que se están sintiendo en ese momento. Como decíamos al inicio de este capítulo, vivimos en una sociedad que facilita muy poco la reflexión emocional. Casi se penaliza la expresión de las emociones; por ello, la mayoría de las personas no cuenta con los recursos suficientes para llevar a cabo este paso.

—En último lugar, estaría la *regulación emocional* propiamente dicha, que sería la capacidad de la persona para modificar la intensidad, la duración y la frecuencia de una emoción en particular.

Existen diferentes estrategias para modular las emociones: estrategias conductuales, cognitivas y fisiológicas. No te preocupes, pues gran parte de este libro está dedicada a enseñarte todas estas estrategias paso a paso para que consigas reducir la frecuencia, la intensidad y la duración de la tristeza.

Dificultades para regular la tristeza

En general, las personas que tienden a padecer estados de tristeza intensos, demasiado frecuentes o demasiado duraderos, presentan dificultades para regular esta emoción.

En general, comparadas con quienes no tienen esta tendencia, las personas que tienden a experimentar esta emoción reaccionan con menor intensidad ante los acontecimientos positivos del día a día. Por ejemplo, si comparamos a dos personas, una de ellas con una depresión profunda y otra que no se encuentra triste, y les hacemos a las dos el mismo regalo, las emociones positivas que experimentará la persona sin depresión serán mucho más intensas que las que experimente la persona con depresión.

Por otro lado, cuando ocurre algo que la persona interpreta como negativo, los que tienden a la tristeza experimentarán emociones negativas durante más tiempo y de forma más intensa. Para seguir con el ejemplo anterior, ante una discusión de pareja, la persona que no padece depresión tendrá mayor capacidad para hacer disminuir la emoción de tristeza que la persona deprimida.

Cuando me encontraba en mi peor momento, a pesar de que en mi día a día ocurrían muchos eventos negativos, apenas conseguía reaccionar. Por ejemplo, recuerdo que el día de mi cumpleaños, fueron muchas las personas que me felicitaron, pero lejos de alegrarme por ello solo podía prestar atención a los que se habían olvidado. Ante cualquier situación de estrés en el trabajo, me venía abajo. Por ejemplo, si me decían que tenía que ver a un paciente que no estaba en la agenda, esto suponía un mundo para mí. Me ponía realmente triste y me estresaba en exceso.

Este efecto también se ha demostrado en el laboratorio. Por ejemplo, Eva Gilboa e Ian H. Gotlib (1997) demostraron que personas que habían padecido depresión, tras provocar artificialmente una bajada de su estado de ánimo —lo que se suele hacer visualizando un video triste—, tenían más dificultades para recomponerse que quienes no tenían una historia de depresión.

Parece que la incapacidad para activar estrategias de regulación emocional en personas que tienden a la tristeza puede ir empeorando su estado de ánimo poco a poco.

Tristeza adaptativa contra tristeza excesiva

Como ya hemos visto, la tristeza no es negativa, es necesaria y sentirla es sano. El problema viene cuando la frecuencia, la intensidad y la duración de esta emoción se ven alteradas.

Muchas veces en mi vida me he sentido triste y esta emoción me ha ayudado primero a reflexionar sobre la pérdida y después a movilizar a mis seres queridos para que me ayudaran en un momento dado.

Con la tristeza he aprendido a pedir ayuda, a que si en un momento dado no puedo yo solo, hay mucha gente a mi alrededor que está dispuesta a echarme una mano. He tomado conciencia del tremendo grupo de apoyo social que tengo.

Aunque en un primer momento me encontrara con el estado de ánimo por los suelos, esta situación me ha ayudado a apreciar muchas de las cosas que tengo en mi vida y que no valoro.

La tristeza siempre surge ante una pérdida o ante una percepción de poca competencia. Es normal que ante estas situaciones nos sintamos tristes; es normal que ante la muerte de un familiar nos sintamos más bajos de ánimo; es normal que ante la pérdida de un trabajo nos sintamos afligidos. Pero tenemos que encuadrar bien lo que es la emoción. No es más que una reacción visceral del cuerpo para adaptarse al medio.

El problema surge cuando la emoción no ayuda a resolver la situación. Si nos dejamos llevar por la tristeza, nos mantendremos inactivos, y la intensidad, la frecuencia y la duración de la emoción se irán acrecentando. El criterio básico para saber si tenemos un problema con la tristeza es saber si nos influye en nuestro día a día o por el contrario nos ayuda.

A continuación, te vamos a plantear una serie de preguntas para evaluar tu nivel de tristeza y si esta empieza a ser problemática. Tómate tiempo para pensarlas detenidamente.

— ¿Te has sentido con el ánimo deprimido la mayor parte del día por lo menos durante las últimas dos semanas?
— ¿Sientes que has perdido la capacidad para sentir placer con actividades que antes te proporcionaban bienestar?
— ¿Has perdido o aumentado peso sin hacer dieta?
— ¿Duermes más o menos de lo que dormías habitualmente?
— ¿Te sientes fatigado la mayor parte del día?
— ¿Te sientes inútil o culpable habitualmente?
— ¿Ha disminuido tu capacidad de concentración?
— ¿Tienes pensamientos relacionados con la muerte habitualmente?

Si has contestado de forma afirmativa a más de cinco preguntas, es hora de visitar a un profesional. Puedes estar sufriendo un episodio depresivo.

Es importante que no lo dejes pasar. Como ya hemos visto, las dificultades en el proceso de regulación emocional pueden llevar a que la sintomatología empeore día a día. Por ello, tengo que hacer mucho hincapié en que si has contestado «sí» a cinco o más cuestiones, pidas cita ya con un especialista.

¿Qué es la depresión?

La depresión es una etiqueta que ponemos los profesionales a un conjunto de síntomas que suelen aparecer juntos. Entre nosotros, lo solemos llamar *trastorno depresivo mayor*. Utilizamos esta expresión para comunicarnos entre nosotros y realizar estudios científicos.

Desde el punto de vista psicológico, se entiende la depresión como un estado en el cual la tristeza es demasiado intensa, demasiado frecuente o dura demasiado. ¿Cuánto es demasiado? Para mí, cuando influye en tu vida. Es decir, cuando no puedes relacionarte con los demás con normalidad, cuando no puedes ir a trabajar o cuando dejas de lado tus actividades de ocio.

En general, esta es siempre la línea roja. Cuando no puedo llevar a cabo mi vida de forma normalizada a causa de las emociones que siento, es que algo está yendo mal.

¡Ojo!, no se trata de que des el cien por ciento cada día, todos podemos tener días malos, pero si notas que algún área de tu vida se está viendo afectada, es hora de pedir cita con un profesional.

Existen dos manuales que marcan la pauta en el diagnóstico de trastornos mentales. El *Manual diagnóstico y estadístico de los trastornos mentales (DSM,* por sus siglas en inglés) y la *Clasificación internacional de enfermedades (CIE)* de la Organización Mundial de la Salud. Estos dos manuales no entienden la depresión como el extremo de un continuo, sino como una categoría. Ambos han sido elaborados de forma consensuada por un comité de expertos que dictamina dónde está el límite para diagnosticar la depresión.

Para hablar claro, la psicología entiende la depresión como un estado en el que nos encontramos demasiado tristes, mientras que el *DSM*, la *CIE* y el modelo médico en general entienden la depresión como si fuese una gripe (es decir, o la tienes o no la tienes).

El problema de la etiqueta de *depresión* es que genera el rol de enfermo. Nos predispone a tener una actitud pasiva haciéndonos creer que estamos ante una situación en la que poco podemos hacer. Y para nada es así: se pueden hacer muchas cosas para mejorar el estado de ánimo, lo que ocurre es que requiere que tomes una posición activa.

El tratamiento psicológico de la depresión ha demostrado ser igual de eficaz que el tratamiento farmacológico, pero previene recaídas. Ambos son complementarios y se benefician uno del otro, por lo que si estás bajo el seguimiento de profesionales de la salud, por favor, hazles caso.

Pongamos un ejemplo para explicar mejor la función de ambos. Imagina que te estás ahogando en el mar o en una piscina, el socorrista que te saca en el peor momento sería el equivalente al tratamiento farmacológico y el profesor de natación que te enseña a nadar sería el equivalente al tratamiento psicológico. Al final nos beneficiamos tanto de la actuación del socorrista como del profesor de natación, lo que ocurre es que necesitamos de su ayuda en momentos diferentes del proceso.

Uso indebido de la palabra *depresión*

Desgraciadamente, se ha extendido muchísimo el uso en el lenguaje coloquial de la palabra *depresión*. Cómo ya te he explicado antes, se trata de un diagnóstico médico que es muy serio.

Se confunde *estar triste* con *estar deprimido*. No tiene nada que ver.

La tristeza es una emoción totalmente normal y su aparición en nuestro día a día es relativamente común. La depresión, por otro lado, se trata de un estado que es tremendamente incapacitante para la persona que la sufre.

Intercambiar los términos puede ser perjudicial, ya que podemos confundir un estado de tristeza normal con una depresión y adoptar el rol de enfermos, desarrollando una actitud pasiva ante un estado que en principio era totalmente normal y que debido a esta actitud se convierte en una depresión clínica.

Pongamos un ejemplo.

Imagínate que me encuentro algo bajo de ánimo porque he terminado con mi pareja, voy a hacer las compras como todos los días, y le digo a mi frutero que me encuentro *depre;* enseguida se alarma y me dice que él pasó por una depresión y estuvo medicado durante dos años, que lo pasó muy mal. Regreso a casa creyendo que me pasa algo malo, me empiezo a preocupar y creo que voy a estar dos años sufriendo. Con el bajón, dejo de hacer deporte y dejo de ver a mis amigos. Paso todo el fin de semana en casa. Voy de la cama al sillón y del sillón a la cama. El lunes por la mañana me encuentro peor, acudo al médico, le cuento que me siento triste, cansado, sin ganas de hacer nada. Enseguida me da la baja laboral y me receta antidepresivos.

Me paso tres semanas inactivo esperando que hagan efecto los antidepresivos (en general, tardan veintiún días), pero cada día me encuentro peor. He abandonado el deporte, no realizo ninguna actividad agradable, tengo a mis amigos y a mi familia preocupados por mí, me ofrecen planes, pero los rechazo todos..., poco a poco me voy metiendo en un círculo vicioso en el cual cada vez tengo menos ganas de hacer cosas.

A los veintiún días apenas noto los efectos de las pastillas, voy al médico de cabecera y me deriva a salud mental. Dos meses después, cuando por fin me dan cita, le cuento al psiquiatra que llevo casi tres meses sin salir de casa y que apenas tengo contacto social. Me diagnostica un episodio depresivo mayor. Fíjate cómo por una emoción totalmente normal ante una ruptura, por adoptar un rol de enfermedad, puedo acabar padeciendo una depresión clínica.

Por ello, por favor, únete a mi causa y deja de utilizar la palabra *depresión* cuando quieras decir que estás *triste*. La tristeza es totalmente saludable y es necesaria para nuestra adaptación. La depresión es un trastorno gravísimo que requiere de la intervención de profesionales de la salud mental.

Como ya hemos visto, la tristeza es una emoción normal, lo que ocurre es que en la depresión su frecuencia, intensidad y duración son más altas de lo normal e influyen en la vida cotidiana de las personas. La investigación en psicología clínica históricamente ha basado sus teorías en la evaluación de personas que sufrían un trastorno depresivo. Aunque las técnicas que te explicaré originalmente se probaron con personas con episodios depresivos, serán efectivas para reducir tu tristeza, pero repito, esto no significa que tengas depresión. Este diagnóstico lo deberá hacer siempre un profesional de la salud mental.

A continuación, vamos a hacer un repaso de las teorías más importantes sobre la depresión en psicología. No te preocupes, he intentado simplificarlas al máximo para no aburrirte. Pero es de vital importancia que entiendas el funcionamiento de la tristeza para no caer en la trampa.

Pérdida de refuerzos del ambiente

Las teorías conductistas de la depresión postulan que, ante la pérdida de refuerzos positivos del ambiente, se genera una baja del estado de ánimo.

Los refuerzos positivos pueden ser desde relaciones sociales, dinero, un ser querido o un objeto. Por ello, a lo largo de este libro insistiremos mucho en mantenernos activados.

Si pensamos en nuestra vida cotidiana, nos daremos cuenta de que los días en que nos encontramos con mejor estado de ánimo suelen ser los que pertenecen al fin de semana, es decir, cuando disponemos de más tiempo libre y podemos planificar más actividades gratificantes.

En la actualidad, cualquier terapia efectiva de intervención ante la depresión incorpora el incremento de actividades agradables. Verás que yo no voy a ser menos, y en el siguiente capítulo analizaremos la importancia de activarse.

Además, en el capítulo 5 encontrarás técnicas de habilidades sociales para fomentar este tipo de refuerzo, ya que el mero hecho de tener un buen círculo de apoyo social genera emociones positivas y previene el estrés y la ansiedad.

Voy a contarte un experimento que hice hace unos meses y que se relaciona directamente con esta teoría.

Un viernes por la tarde decidí ver cómo se comportaban mis emociones si eliminaba por completo la actividad agradable de mi vida durante tres días. Estuve en casa desde las 15:30 del viernes hasta las 8:00 del lunes. Durante ese tiempo lo único que hice fue ver la tele. Ir de la cama al sofá y del sofá a la cama. No me molesté ni en cocinar, pedía comida rápida a domicilio.

El domingo por la noche, rellené un cuestionario para evaluar mis emociones. Me sentía culpable, ansioso, nervioso, tenía miedo de salir a la calle, estaba triste, me sentía culpable, enfadado conmigo mismo, me veía mal físicamente y me encontraba débil. ¡¡Todo esto solamente por haber estado en casa tres días!!

El lunes por la mañana fui a trabajar como pude. Los tres días siguientes hice exactamente lo contrario, practiqué deporte, salí con mis amigos, hablé con mi familia, fui al cine y a pasear por la playa. El miércoles por la tarde volví a hacer el cuestionario. Las puntuaciones eran totalmente diferentes. Me sentía alegre, contento, enérgico y esperanzado.

La actividad diaria es uno de los factores más importantes a la hora de subir el estado de ánimo. Una bajada brusca de actividad nos puede costar muy cara. ¡Tenlo en cuenta!

Teoría de la depresión de Beck

Aaron Beck, en 1983, postuló que en la depresión se dan una serie de distorsiones de pensamiento que fomentan el estado de ánimo triste. Estas distorsiones generan pensamientos automáticos negativos que nos llevan a tener una visión negativa del futuro, de nuestro alrededor y de nosotros mismos.

En los capítulos 3 y 4 explicaremos cómo detectar estos pensamientos y cómo cambiarlos. Poco a poco te irás dando cuenta de las distorsiones que tiñen nuestro estado de ánimo y tendrás poder para transformarlas.

Existe una gran evidencia teórica respecto a los sesgos o tendencias negativas de pensamiento en pacientes con trastornos depresivos. Por ello es de vital importancia que tomemos en cuenta nuestra forma de interpretar situaciones. Verás que en el libro se les da mucho peso a estas interpretaciones.

Pongamos otro ejemplo.

Desde que ejerzo de psicólogo, he ido acumulando mucha experiencia. He ayudado a mucha gente y en general creo que lo hago bastante bien. Pues en la época en la que me encontraba peor de ánimo en mi vida, aunque los resultados seguían siendo los mismos y los pacientes me seguían dando las gracias de la misma forma, yo me veía como un pésimo profesional. No tenía ninguna razón para pensar así, pero mi cerebro hacía esa interpretación y yo me la creía. Pensé incluso en dejar la profesión y buscar algo en la industria hotelera.

Solamente veía las cosas malas que ocurrían a mi alrededor. Parecía como si tuviese unas gafas mal graduadas que no me dejaran ver la cantidad de cosas buenas que había en mi vida. Cada día tenía pensamientos como: «No valgo nada» o «Esto no está hecho para mí». Se trataba de pensamientos automáticos negativos, evidentemente. Cuando mejoré mi estado de ánimo, desaparecieron.

Indefensión aprendida

Martin Seligman, en 1972, llevó a cabo un experimento con perros en el cual dividió a los animales en dos grupos. A cada uno lo encerró en una jaula y expuso a los animales a descargas eléctricas ocasionales.

En el primer grupo, los animales tenían la posibilidad de huir si presionaban una palanca. En el segundo grupo, recibían la descarga hicieran lo que hicieran. Posteriormente, colocó a los animales de los dos grupos juntos, en otra jaula en la que también recibían descargas eléctricas, pero de donde era relativamente fácil escapar saltando una valla. El grupo que había tenido la posibilidad de presionar la palanca para escapar en la modalidad anterior conseguía librarse de la descarga en esta nueva situación saltando el obstáculo; sin embargo, el grupo que había recibido las descargas anteriormente no hacía nada por escapar en la nueva situación, pues había aprendido que daba lo mismo lo que hiciese y entraba en un estado que Seligman denominó *indefensión aprendida*.

Posteriormente, en 1976, describió el mismo proceso en los seres humanos. Este se produce cuando la persona percibe que sus respuestas son independientes de los refuerzos o los castigos del ambiente, es decir, percibe como incontrolable la situación. Si se mantiene lo suficiente en el tiempo, entra en un estado de desesperanza o indefensión.

Seligman y sus colaboradores se valieron de la teoría del estilo atribucional (descrita en el apartado siguiente) para explicar ciertas depresiones. Si una persona tiene la percepción de que haga lo que haga, en un determinado ambiente, el resultado negativo no va a variar, es probable que sus esfuerzos por escapar o cambiar la situación desciendan hasta extinguirse y surja un sentimiento de desesperanza.

En el capítulo 3 aprenderás a ver que cuando nos sentimos desesperanzados generalmente estamos distorsionando la realidad. Por otro lado, en los capítulos 4, 5 y 6 tendrás una visión nueva de cómo solucionar problemas. Esto te ayudará a afrontar de forma activa las situaciones que, *a priori*, no tienen solución.

Pongamos otro ejemplo para explicar este modelo. Al empezar a trabajar para una gran empresa nacional estaba muy motivado por hacerlo bien. El trabajo, aparte de requerir atender a dieciséis o diecisiete personas al día, requería muchas tareas de gestión (había un programa informático en el que casi cada vez que respirabas tenías que darle a un botoncito). Al principio, intentaba hacerlo todo perfecto, no omitía nada, pero alguno de los jefes siempre ponía un pero (ten en cuenta que tenía siete jefes); conforme pasaban los meses, mi percepción era que daba igual cuánto me esforzara por hacerlo bien. Daba igual que me consagrara por completo a los pacientes, daba igual que estuvieran contentos. Si me olvidaba el viernes de mandar un *e-mail* a «no sé quién» con «no sé qué datos», tenía un aviso de alguno de mis jefes «jalándome las orejas». De haber seguido en esa situación, lo más probable es que al final hubiera dejado de lado también a la gente y hubiera caído en la indefensión más absoluta. Al final, la sensación era de desánimo, daba igual lo que me esforzara, siempre estaba mal hecho. Poco a poco fui perdiendo el interés por las tareas administrativas. Seguramente, si hubiera seguido en esta situación habría terminado olvidándome de los pacientes.

Por suerte no llegué nunca a ese punto.

Teoría atribucional

Otra de las teorías que explican el proceso de adquisición y mantenimiento de la depresión es la teoría atribucional. Fue descrita por primera vez por Fritz Heider en 1958.

La teoría cognitiva sostiene que la conducta del sujeto está en función de la persona y del ambiente. La atribución es la relación causal que percibe un sujeto ante un acontecimiento. Generalmente, ante hechos predecibles no hacemos inferencias causales —no nos preguntamos por qué se enciende el televisor si pulsamos el botón rojo del mando—, pero ante resultados inesperados se produce una incertidumbre que necesita ser satisfecha con una explicación.

Por ejemplo, si suspendemos un examen para el cual creíamos que estábamos muy preparados, nos daremos a nosotros mismos una explicación.

Las atribuciones causales siguen ciertas reglas, son responsables de pensamientos posteriores y de cambios emocionales, y guían conductas. Las explicaciones se pueden clasificar en función de tres variables:

—*Estable-inestable.* Se refieren a fuerzas ambientales y pueden ser de dos tipos. En el caso de las estables se mantienen en el tiempo de forma constante. En el caso opuesto, son transitorias. Así, por ejemplo, podemos atribuir una victoria en tenis a que el viento soplaba a favor de la trayectoria de la pelota en el último golpeo (inestable) o a la superficie en la que se jugaba (estable).

—*Capacidad-motivación.* Se refieren a fuerzas personales. La primera alude a las habilidades físicas y psíquicas. La motivación, por su parte, constaría de intención y de esfuerzo. Utilizando el ejemplo anterior, podemos atribuir una victoria en un partido de tenis a la musculatura del brazo del tenista (capacidad) o a la preparación a conciencia que hizo para el torneo (motivación).

—*Controlable-incontrolable.* Esta variable fue añadida por Bernard Weiner en 1985 y se refiere a la controlabilidad de las causas. Siguiendo el ejemplo propuesto, las conductas, los pensamientos y las emociones que experimentará el tenista si percibe el partido como algo en lo que puede influir («Si juego bien, tengo muchas posibilidades de ganar») o conductas, pensamientos y emociones que experimentará si percibe el partido como algo que no controla («Haga lo que haga, me van a machacar»).

En los capítulos 3 y 4 desglosaremos cómo atribuir las variables de forma racional, para no caer en interpretaciones erróneas de las situaciones y no sentirnos tristes.

Volvamos a poner un ejemplo para clarificar esta teoría.

La última vez que suspendí un examen fue en la carrera, en quinto curso, en la asignatura Psicología de los Grupos. Mi pensamiento podía haber sido de dos tipos: «No hay quien estudie esta materia» (estable, puesto que la materia siempre es la misma), «Soy incapaz de interiorizar estas teorías» (capacidad), «Da igual lo que estudie porque voy a suspender» (incontrolable). O bien: «Los apuntes que tengo no son los mejores» (inestable, puesto que puedo completar los apuntes), «La verdad es que con el buen tiempo he estudiado sin ganas» (motivación), «Si me aplico, seguro que en septiembre puedo aprobar» (controlable).

¿Cuál de los dos pensamientos crees que me haría sentir mejor?

Si te das cuenta, es la misma situación, sin embargo, la explicación que me doy a mí mismo influye directamente en las emociones que sentiré después de hacer el examen. En el primer caso, la emoción será de desesperanza, mientras que en el segundo será justamente la contraria. También las posibles conductas que lleve a cabo cambiarán radicalmente. Ante el primer pensamiento lo más probable es que estudie poco y con desgano, mientras que ante el segundo lo probable es que lo haga con ímpetu.

Cuando nos encontramos bajos de ánimo, solemos atribuir las cosas buenas que nos ocurren a factores inestables y poco controlables. Es decir, no nos ponemos la medalla cuando corresponde. Mientras que cuando ocurre algo malo, nos echamos toda la culpa.

Listado de síntomas que puedes experimentar

A continuación, vamos enumerar los síntomas que puedes estar sintiendo en este momento. El objetivo de esta lista es normalizarlos, ya que todos ellos son muy comunes en personas tristes y generalmente tienen un carácter reversible:

—Tristeza la mayor parte del tiempo.
—Disminución del placer al realizar actividades que antes eran agradables.
—Pérdida de peso.

—Aumento de peso.
—Dificultades para dormir.
—Dormir en exceso.
—Agitación motora.
—Enlentecimiento motor.
—Fatiga o poca energía.
—Sentimiento de culpabilidad en exceso.
—Pérdida de la capacidad de concentración.
—Pensamientos sobre la muerte.
—Visión negativa del futuro, de lo que nos rodea y de nuestro alrededor.
—Pérdida del deseo sexual.
—Sentimiento de fracaso.
—Sentimiento de inferioridad.
—Pérdida del interés por los demás.
—Dificultad para tomar decisiones.
—Percepción negativa del aspecto físico.

Sentir alguno de estos síntomas es algo normal. No obstante, si cumples más de cinco —como ya comentamos hace unas cuantas páginas—, insisto: pide ayuda ahora mismo.

Si has leído algún síntoma que no has sentido, piensa que a cada uno le afecta la tristeza de una forma y tiene estrategias diferentes para regularla.

Algunas de estas estrategias, como hemos visto, puede que no sean las mejores y a largo plazo den lugar a alguno de estos síntomas. No te alarmes, voy a intentar darte todos los recursos necesarios para que al acabar este libro puedas regular la emoción de la tristeza con eficacia.

2

PROGRAMAR ACTIVIDADES AGRADABLES

> El cuerpo sano es el hospedaje del alma; el
> cuerpo enfermo es su prisión.
>
> Francis Bacon

En mi experiencia, tratando con personas que padecen una tristeza grave, he de decir que en absolutamente todos los casos habían bajado el número de actividades agradables diarias. Es decir, enseguida el cuerpo nos pide estar inactivos y solemos cometer el error de dejarnos llevar demasiado tiempo por esta emoción.

Si estás leyendo esto, seguramente sea porque te sientes triste o porque ves decaído a un conocido cercano. Seguramente estarás de acuerdo conmigo en que, si hiciéramos un listado con las actividades placenteras que realizabas o realizaba esa persona antes de que la tristeza lo tiñese todo de negro, y un listado de actividades agradables actuales, el número de prácticas placenteras en la actualidad sería inferior.

Seguramente, ahora mismo estarás pensando: «¡Qué listo el psicólogo este, yo antes estaba más activo porque tenía ganas!». Efectivamente, perder el interés por realizar actividades es un signo de que la tristeza que sentimos empieza a ser problemática.

Otro escenario que se suele dar con mucha facilidad es que las cosas que antes producían emociones positivas ahora han perdido esa capacidad. Esto se llama *anhedonia*, y es otro síntoma de que algo va mal. Se trata de un síntoma muy común que aparece frecuentemente cuando llevamos un tiempo tristes.

51

Pongamos el caso de Miguel. Miguel es un abogado de 45 años, casado, con dos hijos, sin problemas económicos y deportista —le gusta salir a correr todos los días y ocasionalmente compite en pruebas *amateurs*—. Entre semana, trabaja de ocho a tres y dedica las tardes a su familia. Además, cuenta con un grupo de amigos de toda la vida con los que sale habitualmente.

Tras el fallecimiento de su madre, Miguel se ve invadido por una tristeza enorme. Durante el velatorio y el entierro le acompañan cientos de conocidos, compañeros de trabajo y amigos. El problema empieza a los pocos días, cuando Miguel se ve sin fuerzas para afrontar el día a día.

Siente que no puede desarrollar su trabajo como antes, no se concentra y le cuesta un mundo iniciar cualquier tarea. Por la tarde, la compañía de sus hijos empieza a irritarlo y poco a poco pierde la capacidad de disfrutar de los suyos. Al día siguiente, Miguel va a su médico de cabecera y este le da la baja laboral por depresión.

A partir de este momento la actividad diaria de Miguel se reduce a permanecer en la cama el mayor tiempo posible para no pensar y solamente ante la insistencia de su mujer consigue levantarse y sentarse en el sofá unos minutos. Pierde el apetito y tiene dificultades para conciliar el sueño. Todos sus amigos lo llaman para interesarse por él. Casi todos le aconsejan que salga y se despeje, pero la respuesta es siempre la misma: «Es que no tengo ganas, no me veo con fuerzas. A ver si mañana me levanto más animado y lo intento».

Los días pasan y el desánimo va en aumento. Las ganas de salir no llegan. Sus amigos siguen llamando, pero él empieza a rehuir sus llamadas. El contacto social le cuesta cada vez más, se ve cada vez menos competente y más desaliñado. Deja de bañarse y arreglarse, argumenta que total, para qué, si no va a salir. La perspectiva de hacer deporte le agobia. Miguel está cada vez más triste.

A mí me ocurrió algo parecido a lo que le pasó a Miguel. Como te contaba en la introducción, mudarme de ciudad supuso muchos cambios en mi vida. Pasé de tener muchos amigos y familiares queridos cerca a estar totalmente solo en una ciudad que me era extraña. Pasé de trabajar en lo que me gustaba, desarrollando mi actividad como psicólogo según mi criterio, a hacerlo en una gran empresa, con unos principios que no tenían nada que ver conmigo.

Con todo el trabajo que supone una mudanza, dejé el ejercicio físico de lado. Al no tener con quién salir, pasaba la mayor parte del tiempo en casa. Mi única actividad reforzante era ver series y películas.

Poco a poco comencé a notar cómo mi estado de ánimo empezaba a bajar. Cada día me costaba más levantarme para ir al trabajo. La calidad del sueño era cada vez peor. Me levantaba cansado y hacía esfuerzos titánicos para sacar mi trabajo adelante. Cuando llegaba a casa, muchos días ni comía, tan solo me echaba la siesta. Dormía un par de horas, lo que hacía que por la noche me volviese a costar conciliar el sueño.

Me empezó a dar pereza sacar adelante las tareas de la casa y cada vez me costaba más poner una lavadora o hacerme la comida. Caí en la trampa de descuidar mi alimentación, empecé a comer fuera demasiado a menudo y enseguida gané peso. A la tristeza por haber dejado atrás mi vida anterior, se juntó la tristeza provocada por la inactividad. A su vez, haber ganado peso influía negativamente en mi autoestima.

Pronto empecé a sentirme cada vez más estresado. Mi cuerpo reaccionaba ante una situación desfavorable y yo no lo escuché. A los pocos meses, me encontraba completamente deprimido.

Probablemente muchos de nosotros nos hemos enfrentado a situaciones parecidas a la de Miguel o a la mía. A miles de personas se les muere un padre, un tío, un amigo e incluso un hijo, y no todos llegan a desarrollar un cuadro depresivo como Miguel. Otros miles cambian de ciudad cada día y tampoco llegan a tener problemas emocionales. Entonces, ¿cuál es el problema?

La relación entre actividad y estado de ánimo

Hay una relación directa entre el número de actividades agradables y el grado de bienestar que siente una persona. Solamente hay que fijarse en qué días de la semana preferimos todos: los fines de semana, cuando la dedicación a nosotros mismos es mucho más alta que entre semana.

Como regla general, de lunes a viernes estamos ocupados la mayor parte del tiempo con el trabajo o los estudios, y aunque trabajemos en algo que nos guste o estudiemos materias apasionantes, esperamos ávidos la llegada del sábado y el domingo. Es en este periodo cuando podemos dedicarnos a realizar deporte, salir con los amigos, disfrutar de la compañía de los nuestros, ir al cine y un largo etcétera de potenciales actividades placenteras.

Cuando nuestro estado de ánimo está bien, no tenemos problemas para iniciar alguna actividad. Nos sobran las ganas. Las dificultades surgen cuando nos encontramos con el estado de ánimo más bajo.

Si estamos tristes, nuestras ganas de emprender cualquier actividad caen en picada. Y si no tenemos ganas ni motivación para realizar actividades agradables, lo más probable es que no las hagamos. El problema es que está demostrado que a cualquier persona a la que limitemos la actividad se pondrá triste.

Nos encontramos ante un círculo vicioso (o un triángulo vicioso, como en la figura 2). Por regla general, si nos dejamos vencer por el desgano, tendremos muchas posibilidades de caer en esta espiral.

La historia de Miguel es un ejemplo de muchas otras en las que se hace patente la relación directa entre estado de ánimo y actividades agradables.

Generalmente, el inicio es paulatino, no nos damos cuenta de que estamos dejando de hacer actividades. Simplemente, nos dejamos llevar y solo cuando nos damos cuenta de que no podemos sacar la cabeza del agujero negro, somos capaces de mirar atrás y ver que no tenemos absolutamente nada que ver con la persona que éramos hace unos meses o unos años.

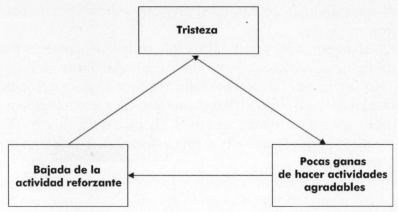

Figura 2. «Triángulo vicioso» de la tristeza.

Como señalaba en páginas anteriores, hace algún tiempo decidí hacer un pequeño experimento para evaluar el impacto en mis emociones de bajar significativamente mi actividad diaria. Lo hice simplemente para empatizar con más profundidad con mis pacientes. Intentaba entender lo que sentían al estar todo el día en la cama o en el sofá.

El experimento empezó un viernes por la tarde al salir de trabajar. Me senté en el sofá y decidí que hasta el lunes no iba a hacer absolutamente nada, salvo ver la televisión, comer y dormir. El primer día fue bien, estaba cansado de toda la semana trabajando y la verdad es que me vino bien. Pero como quería tomarme en serio el experimento, no me molesté ni siquiera en cocinar y decidí pedir comida a domicilio.

El sábado por la mañana empecé a tener molestias en la espalda. Me encontraba más cansado que el día anterior y no tenía ganas de hacer nada. Así que seguí en el sofá, viendo programas de esos en los que hay que pensar poco. A la hora de comer, volví a pedir comida y me eché una siesta en el mismo sofá donde llevaba casi un día. Por la tarde creo que vi cuatro películas seguidas, además, de las malas. Nada de cine de autor o películas que hicieran pensar. Comedias norteamericanas de la peor calaña. Cuando llevaba dos películas y media, volví a pedir comida. Por supuesto, nada de dieta equilibrada: pizzas, hamburguesas y demás bombas calóricas.

El domingo me levanté triste. Me asaltaban pensamientos del tipo: «¿Qué hago con mi vida?», «¿De qué sirve vivir así?», «No soy lo suficientemente bueno, nunca voy a hacer nada reseñable en mi vida», «¡Vaya amigos y vaya familia que tengo, no quieren ni venir a verme» (les había avisado que no iba a estar disponible en todo el fin de semana). Y un largo etcétera.

Los síntomas empezaban a ser claros. La inactividad estaba dinamitando mi estado de ánimo, pero como soy un poco terco, decidí acabar el experimento y pasé el domingo entero tumbado en el sofá sin hacer otra cosa que ver la televisión. Al final del día, rellené un cuestionario sobre emociones y el resultado me sorprendió. Me sentía triste, nervioso sin saber muy bien por qué, agobiado, culpable y desesperanzado.

No me podía creer que por estar inactivo setenta y dos horas pudiese llegar a sentirme así. ¡Si yo el viernes por la mañana estaba muy contento!

He de confesar que el domingo me costó bastante dormirme y me desperté en varias ocasiones. Cuando sonó el despertador, me levanté con un dolor en la mandíbula muy fuerte. Era fruto del estrés, de apretar los músculos mientras dormía. Me encontraba cansadísimo, con ganas de llorar. Me agobiaba el día que tenía que enfrentar y lo único que quería era seguir en la cama.

En el fondo, sabía que era fruto del experimento que estaba haciendo, pero si llego a ir al médico de cabecera, seguro que me hubiera dado la baja laboral.

Me arrastré hasta el trabajo como pude e intenté hacerlo lo mejor posible. Mis compañeros me notaron en la cara que algo pasaba. Hasta me preguntaron si había algún problema. Al acabar de trabajar, después de comer, lo primero que hice fue irme a hacer deporte. La verdad es que me costó muchísimo empezar, pero cuando terminé me encontraba muchísimo mejor que por la mañana.

Acto seguido, quedé con mis amigos para tomar un café. Estuvimos charlando un rato y me fui a casa. Pese a todo, esa noche volví a dormir mal. Me desperté en un par de ocasiones.

Al día siguiente, después de trabajar y de hacer deporte, me fui al teatro y a cenar fuera con otros amigos. Me encontraba cada vez mejor. Esa noche dormí bien.

Ya el miércoles me encontraba mucho más despejado, apenas me costó levantarme de la cama, trabajé con normalidad y al salir volví a hacer deporte y a dar un paseo con amigos. Por la noche, rellené el cuestionario sobre emociones y el resultado fue el opuesto al del domingo. Me sentía esperanzado, alegre, eufórico y feliz.

La verdad es que me sorprendió muchísimo vivir en carne propia lo que la inactividad puede hacer con la mente. Vi cómo en apenas tres días mi estado de ánimo caía por los suelos y cómo mis pensamientos negativos se disparaban. Tan solo me costó tres días revertir esta situación, claro está que en ese momento no partía de un estado depresivo ni nada por el estilo. Estaba bien conmigo mismo.

Cuando estamos bajos de ánimo, no es momento de lamentarse: es un hecho psicológico, no sirve de nada preguntarse cómo no hemos podido darnos cuenta o de lamentar no haber hecho caso a nuestros amigos cuando nos decían que teníamos que salir a despejarnos. ¿Qué hacer si nos encontramos metidos en este círculo?

Rompiendo el círculo vicioso

El problema principal es dejarse llevar por lo que nos pide el cuerpo. Como te contaba en el capítulo anterior, los estados emocionales nos empujan a actuar de cierta manera. Este es uno de los casos en los que la conducta impulsada por la emoción nos puede hacer sentir bien a corto plazo, puesto que no tenemos que enfrentarnos a los problemas del día a día, pero que a largo plazo puede influir negativamente en nuestro estado de ánimo.

Cuando estamos tristes nos sentimos impulsados a la inactividad en todo momento. Las ganas de hacer cosas no van a venir solas. Sé que son malas noticias. Pero desgraciadamente hay miles de personas que esperan meses o incluso años a que llegue un impulso mágico y las saque de la cama.

Seguro que piensas que estás así por una causa externa y que cuando se solucione volverán las ganas de vivir. En muchos casos es así, pero no siempre pasa. Hay personas que permanecen tanto tiempo en inactividad y dejan que su estado de ánimo esté tan bajo, que cuando el viento vuelve a soplar a favor son incapaces de sentirse bien. Asimismo, hay causas externas sobre las que no tenemos absolutamente ningún control. ¿Vas a dejar tu bienestar en manos de otro? Puede que sientas ganas de decirme que sí, que te rindes, pero yo no voy a dejarte solo. Vamos a ver qué tenemos que hacer.

Como muestra la figura 3, tenemos que cortar la espiral haciendo actividades agradables aun sin tener ganas.

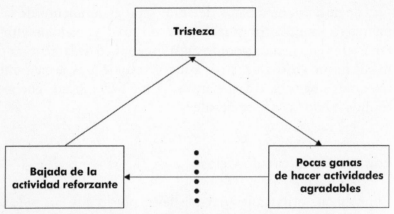

Figura 3. Relación entre nivel de actividad y estado de ánimo.

Me dirás que es muy fácil decirlo, pero que llevarlo a cabo supone un esfuerzo muy importante. Dirás que no puedes, que ya lo has intentado y pondrás un montón de excusas más. No te preocupes, es un síntoma, son los llamados *pensamientos automáticos negativos* y los abordaremos más adelante. Te reto a lo siguiente. Si te diera un millón de euros, ¿te levantarías de la cama quince minutos antes de lo que lo haces ahora? Si no te riges por el criterio económico, ¿te levantarías un cuarto de hora antes si la paz mundial dependiera de ese acto?

Seguramente, tu perspectiva ha cambiado. Sí que puedes, lo que pasa es que cuesta. Si me dices esto, estoy totalmente de acuerdo contigo. Pero te diré algo: si a cualquier persona le pides que escriba un libro, o que escale el Everest o que corra cuarenta y dos kilómetros sin descansar, probablemente te dirá que no puede. Pero si en cambio le pedimos a alguien que escriba una letra o que camine cincuenta metros, la mayoría dirá que es factible.

Ese es el gran secreto: pequeñas metas. Un libro no son más que miles de palabras juntas. Se empieza escribiendo una letra. El que escala una montaña o corre cuarenta y dos kilómetros empieza dando un paso. Eso es lo que te pido que hagas. Más adelante en este capítulo tienes una pequeña guía general de cómo conseguirlo. Ojalá tuviese una pastilla mágica para romper el triángulo de la tristeza, pero desgraciadamente que consigamos romperlo depende de tu esfuerzo.

En los momentos en los que yo estaba más triste, lo único que me apetecía era tumbarme en el sofá. No quería cocinar, no quería limpiar, no quería ir a trabajar y me costaba un mundo hacer cualquier cosa.

Dejé de lado todas las actividades que me gustan. De repente, ya no tocaba la guitarra, algo que hacía desde hace más de quince años y me apasionaba fue perdiendo poco a poco la capacidad de emocionarme.

Cuando volvía a Madrid de visita, no me veía con mis amigos. Me inventaba excusas para no salir con ellos. A veces, hasta desconectaba el teléfono. No quería que me vieran así.

Hacer las tareas de casa se me hacía un auténtico drama. Me costaba una vida poner una lavadora o fregar los platos. Dejé de cocinar y prácticamente todo lo que comía era precocinado.

Pero llegó el día en el que dije que ya bastaba, que tenía que romper el círculo vicioso. ¿Sabes cómo lo hice? Volví al deporte. Empecé a hacer unas cuantas rutinas fáciles. Una cosa llevó a la otra y poco a poco recuperé la mayoría de las actividades agradables que realizaba antes de caer en ese estado.

Te invito a que hagas lo mismo. Sé que no es fácil, pero está lejos de ser imposible. Levántate del sofá. Lo único que te separa de recuperar tu rutina son los pensamientos. Los pensamientos son solamente eso, no son cadenas que te atan a la cama, así que... ¡arriba!

Empecemos a trabajar en nuestro bienestar. En la siguiente página tienes un cuestionario (tabla 3) que me gustaría que rellenaras. Consta de tres partes.

1. *Actividades agradables pasadas*, es decir, aquellas que realizabas antes de estar triste.
2. *Actividades agradables actuales.* Seguramente todavía llevas a cabo actividades que te resultan placenteras. Si tienes dificultades para identificarlas, prueba a poner por escrito todo lo que hiciste ayer y localiza un rato en el que no estuviste tan triste. Probablemente coincidirá con una actividad de las que quiero que anotes en este recuadro.
3. *Actividades agradables futuras.* Quiero que le eches imaginación. No te censures. Aunque sean cosas difíciles de realizar, escríbelas. Anota actividades que desde siempre has querido hacer y nunca has tenido oportunidad. Te aseguro que es el mejor momento para emprenderlas. Es muy útil que pienses en actividades que impliquen aprender algo nuevo.

Tabla 3. Actividades agradables pasadas, presentes y futuras

Actividades agradables pasadas	....
Actividades agradables presentes	....
Actividades agradables futuras	....

Actividades especialmente importantes para el bienestar

Hay una serie de actividades especialmente buenas para mejorar el estado de ánimo. Vamos a hacer un repaso por las más importantes.

Ejercicio físico

Efectivamente, el ejercicio es un potenciador impresionante del estado de ánimo. Cuando vamos a correr o a nadar, o nos machacamos en el gimnasio, el cerebro libera endorfinas, un neurotransmisor que provoca una sensación subjetiva de bienestar.

No sé si eres muy de hacer deporte, pero dejando de lado los numerosísimos estudios científicos que avalan que esta actividad mejora el ánimo, te puedo decir que he visto evoluciones impresionantes en personas que de una semana a otra dieron un cambio casi imposible. No seré yo el que te pida que te conviertas en un maratonista federado, ni que hagas doscientos kilómetros en bici, es mucho más sencillo que eso. Podemos empezar por un paseo.

Como siempre, debemos adecuar las características del ejercicio físico a la persona que lo practique. No es lo mismo un joven de veinte años que una persona de setenta. Si tienes algún problema orgánico, consulta con tu médico qué clase de ejercicio físico puedes hacer.

Si te sirve de inspiración, yo he hecho casi todo tipo de deportes. Empecé de pequeñito jugando al futbol, pero era malísimo. Después de mi pronta retirada del deporte rey, empecé con el baloncesto y resulta que se me daba de lujo. Pero cuando te haces mayor es cada vez más difícil encontrar gente con la que jugar, así que me pasé al gimnasio. La verdad es que me aburre sobremanera. No es un ambiente que me estimule para nada, así que las veces que he empezado siempre he acabado dejándolo. Después encontré la calistenia, que son ejercicios con tu propio peso corporal que puedes hacer en cualquier lugar. Esta forma de ejercitarme sí que me gusta. Puedo irme al parque, a la playa o al campo y poner mi cuerpo a funcionar. La verdad es que de momento es lo que más me ha enganchado.

Contacto social

El ser humano es un animal que ha evolucionado para vivir en sociedad. Así es como nos desarrollamos y nos sentimos cómodos. Cuando estamos tristes nos apetece estar solos, pero cuando pasamos demasiados días sin contacto con nadie, aparece una sensación incómoda de soledad que aumenta nuestra tristeza.

El mero hecho de hablar con alguien es en sí reforzante y agradable. Compartir experiencias también lo es. El mayor protector contra el estrés es el apoyo social. Así que en estos momentos difíciles es hora de llamar a todos nuestros amigos y recuperar relaciones.

Sé que me dirás que no quieres amargar la tarde a nadie, que estás muy triste para encontrarte con un amigo o con una amiga. Que no quieres abrumar al prójimo con tus problemas.

Te haré la siguiente pregunta. Si un amigo tuyo estuviera triste y te pidiera salir a tomar un café para hablar y desahogarse, ¿le dirías que no? ¿Sentirías que te está amargando la tarde? O por el contrario, ¿aceptarías e intentarías hacer que ese rato fuese agradable para él? Creo que ya te has contestado a ti mismo. Estoy seguro de que en tu agenda telefónica hay por lo menos una persona que se muere de ganas de verte.

Puede que creas que no tienes a nadie, tampoco importa. Hay un montón de modos de pasar un rato con gente. Hay portales de internet que organizan reuniones entre desconocidos para hacer actividades, hay miles de cursos de todo tipo a los que puedes acudir, algunos de ellos gratuitos, y hay cientos de asociaciones con las que colaborar. Estoy seguro de que haciendo un pequeño esfuerzo encontrarás tu sitio.

La regla es la siguiente: *Hagas lo que hagas, si es acompañado, mucho mejor.*

Cuando me mudé de ciudad, no tenía con quién reunirme fuera del trabajo. Mis compañeros eran más mayores que yo y tenían que ocuparse de sus familias, por lo que estaba más solo que un hongo.

Lo que hice fue, primero, buscar contactos. Una amiga de unos amigos que vivía aquí. Gente que había conocido en congresos. Amigos de mi Erasmus que hacía años que no veía. Me apunté para practicar arte marcial y a teatro, y la verdad es que conocí a un montón de gente maravillosa.

De nuevo vuelvo a decirte que dejes de ponerte excusas para no encontrarte con gente. Son solamente pensamientos. Así que busca gente desde ahora mismo.

Realiza una actividad que implique un aprendizaje

Voy a contarte un secreto: los seres humanos disponemos de un mecanismo innato llamado *habituación*.

Para que nos entendamos, la habituación es que los estímulos, si se repiten en el tiempo, pierden capacidad de generar emociones. Es decir, a mí me encantan los macarrones con chorizo, pero si desayuno, como, meriendo y ceno macarrones y comparo el placer que me produce la primera ingesta con la última, seguro que la sensación subjetiva de la primera toma es superior a la de la última.

Aplicado al tema que nos interesa, si salimos a caminar todos los días y todos los días hacemos el mismo recorrido, nos aburrimos. Si siempre vemos la misma película, esta pierde la capacidad de emocionarnos. Necesitamos descansar un tiempo de ella para que recupere esa capacidad.

De ahí mi recomendación de sumergirnos en una actividad que implique un aprendizaje. Porque el escenario cambia día a día. Hay retos, podemos compararnos con nosotros mismos y vernos avanzar. Esto es un potenciador muy potente de nuestra autoestima. Pongamos un ejemplo.

Si comienzo a tocar el piano, el escenario probable de la primera semana sea tocar «Cumpleaños feliz» torpemente. Pero si continúo practicando, en un tiempo seré capaz de tocar el «Para Elisa». Cada semana de práctica, la actividad va cambiando, por lo que hay menos habituación que en otro tipo de pasatiempos.

Cuando yo estaba más triste, conocí a un chico que además de ser también psicólogo era profesor de *jiu-jitsu* (un arte marcial). Me insistió en que fuera a probar, y la verdad es que me gustó bastante la actividad. Estuve yendo durante un tiempo, pero me hice daño en la rodilla (y en muchos más sitios, pero especialmente en la rodilla), por lo que lo tuve que dejar. A la vez me apunté a teatro sin conocer absolutamente a nadie y acabé representando una obra y compartiendo escenario con seres humanos increíbles. Seguimos en contacto todos los meses para ver una obra de teatro juntos.

En estas dos actividades el aprendizaje es constante y no hay límite. Siempre puedes aprender más, por lo que el escenario siempre cambia, siempre hay algo nuevo a lo que enfrentarse y es tremendamente estimulante.

Ejercicios prácticos

Reglas básicas

A continuación, voy a ponerte una serie de condiciones que tienes que intentar cumplir a rajatabla. No pasa nada si un día te despistas, pero intenta evitarlo.

1. *Arréglate todos los días.* No valen las excusas de que no vas a salir o que no te apetece. Igual te estás preguntando para qué. Muy sencillo. Para ti. Vernos sin bañar, con el pelo sucio y en piyama no ayuda en nada a motivarnos, así que a ponerse guapos.
2. *Prohibido volver a acostarse una vez levantado.* Estamos aquí para romper el círculo. Si volvemos a acostarnos estamos cayendo de lleno en la inactividad, y ya te he explicado lo que eso supone. Si te sientes muy cansado o cansada, prueba salir a dar un paseo, seguro que te despejas. Además, es una muy buena forma de regular el sueño.
3. *Madruga cada día veinte minutos más.* Si te pido que te levantes veinte minutos antes cada día, no supondrá un esfuerzo excesivo, pero en solamente una semana estaremos madrugando dos horas y veinte minutos más que la semana anterior. Realiza esta actividad hasta normalizar la hora a la que te pones en pie.
4. *Haz cinco ingestas de comida o bebida al día.* Es normal que el apetito se desregule en estos procesos de tristeza, pero intenta meter algo en el estómago por lo menos cinco veces al día. Si puedes, lleva una dieta equilibrada. Lo que mejor predice un atracón de comi-

da es el ayuno previo, así que ya sabes, cinco comidas al día.

5. *Prohibido el consumo de tóxicos*. En muchas ocasiones, cuando estamos tristes o ansiosos, recurrimos a sustancias como el alcohol u otras drogas para relajarnos. Es importante que no lo hagas, puesto que influirán negativamente en tu estado de ánimo. Si tienes problemas para dejar de consumirlos, visita a un especialista.

Si ya sigues todos estos consejos, pasa al siguiente apartado.

Semana 1

Quiero que elijas tres actividades de las que anotaste en la tabla 3 y selecciones los días para llevarlas a cabo.

Tabla 4. Registro de actividades de la semana 1

	Lunes	Martes	Miércoles	Jueves	Viernes	Sábado	Domingo
Actividad	....	....	....	....	....	....	....

Además, quiero que anotes la hora en que vas a llevarla a cabo. Me da igual que solo consigas estar dos minutos inmerso en ella. El hecho de ponerte a hacerla ya es un gran paso para romper el círculo. No pasa nada si un día no realizas la actividad, no te culpes, es parte del proceso, al día siguiente te pondrás en marcha.

Semana 2

Completa la tabla 5 exactamente igual que la semana pasada.
Pero ahora quiero que hagas dos actividades al día. Además,
dos veces a la semana, como mínimo, y las actividades agradables han de ser en compañía de otros.

Tabla 5. Registro de actividades de la semana 2

	Lunes	Martes	Miércoles	Jueves	Viernes	Sábado	Domingo
Mañana	....	....	....	....	....	....	....
	....	....	....	....	....	....	....
	....	....	....	....	....	....	....
	....	....	....	....	....	....	....
	....	....	....	....	....	....	....
Tarde	....	....	....	....	....	....	....
	....	....	....	....	....	....	....
	....	....	....	....	....	....	....
	....	....	....	....	....	....	....

Semana 3

Seguimos como la semana pasada. Pero además de realizar
actividades agradables en compañía de otros, quiero que hagas ejercicio físico por lo menos tres veces a la semana. Puedes empezar por caminar cinco minutos al día, pero es de
vital importancia que introduzcamos hábitos saludables en
nuestra vida.

Tabla 6. Registro de actividades de la semana 3

	Lunes	Martes	Miércoles	Jueves	Viernes	Sábado	Domingo
Mañana	....	....	....	....	....	....	....
	....	....	....	....	....	....	....
	....	....	....	....	....	....	....
	....	....	....	....	....	....	....
	....	....	....	....	....	....	....
Tarde	....	....	....	....	....	....	....
	....	....	....	....	....	....	....
	....	....	....	....	....	....	....
	....	....	....	....	....	....	....
	....	....	....	....	....	....	....

Mantén este nivel de actividad durante el tiempo que sigas los consejos de este libro. Durante esta semana ya puedes pasar a leer el próximo capítulo.

Técnica opcional 1. Gestión del tiempo

Con el estilo de vida que llevamos hoy en día es muy común que no nos quede tiempo ni siquiera para estar un rato a solas con nosotros mismos. Es muy frecuente que las personas que llegan a mi consulta se quejen de que no pueden incorporar las actividades que les propongo por falta de tiempo.

El sistema está organizado para que dediquemos ocho horas al trabajo, ocho a dormir y ocho a nuestro ocio. Pero todos sabemos que esto se aleja de la realidad.

Lo que ocurre es que las jornadas laborales son cada vez más largas. En el mejor de los casos, trabajamos ocho horas al día, pero con horario partido. Es decir, tenemos que *perder* dos horas de nuestro tiempo en comer cerca del trabajo. También es frecuente que las jornadas laborales se prolonguen hasta diez horas. Una vez que salimos del trabajo tenemos que invertir tiempo en volver a casa. Los embotella-mientos y el transporte público nos quitan muchas horas al cabo del año. Ni qué decir cuando uno llega a casa y tiene que invertir tiempo en las tareas del hogar, en atender a familiares, en la higiene, en alimentarse, etcétera.

Por ello, nuestras ocho horas de ocio se ven tremendamente reducidas. Frecuentemente, encuentro a personas que no disponen ni de un minuto al día para dedicarse a sí mismas. Esta rutina fomenta el estrés y el estado de ánimo bajo. Al final nos vemos inmersos en un día a día que no nos satisface en absoluto.

Por esa razón es necesario que aprendamos a gestionar el tiempo con eficacia. Así, poco a poco despejaremos nuestra agenda para encontrar huecos que podamos dedicar a nosotros mismos.

Lo primero que vamos a hacer es evaluar nuestra rutina diaria para ver cuánto tiempo estamos destinando a actividades que no nos aportan nada. Casi todos gastamos muchísimo tiempo revisando el correo electrónico, comprobando el teléfono móvil, perdiéndonos en las redes sociales, mirando videos que ni siquiera nos importan, etcétera. Te sorprendería la cantidad de tiempo que consumen cada día estas actividades. Quizá te parecerá algo tedioso y una pérdida de tiempo, pero de verdad que va a merecer la pena que hagas la actividad que te propongo a continuación.

Quiero que pases tres días registrando cada actividad que haces. Da igual que dure quince segundos o cinco horas. Evita generalidades como «trabajo». Descompón las actividades todo lo que puedas y sé muy preciso.

Observa un día registrado por mí.

7:00   Levantarme.

7:02   Preparar el desayuno y desayunar.

7:15   Ver el telediario.

7:30   Baño y aseo.

7:45   Vestirme.

7:52	Caminar hacia el trabajo.
8:00	Registrarme.
8:02	Comprobar *mail* y agenda para hoy.
8:20	Escribir *post*.
9:30	Pacientes.
13:30	Redacción de informes.
13:37	Hablar por teléfono.
13:50	Redacción de informes.
15:15	Caminar a casa.
15:27	Preparar la comida y comer.
16:00	Revisar las redes sociales y los *mails*.
16:30	Ver una serie.
17:00	Poner la lavadora.
17:05	Barrer.
17:17	Trapear.
17:25	Recoger la ropa de la lavadora.
17:32	Tender la ropa.
17:45	Lavar trastes.
18:00	Hacer las compras.
18:34	Preparar la mochila para el *jiu-jitsu*.
18:40	Caminar al *jiu-jitsu*.
19:00	Clase de *jiu-jitsu*.
20:30	Caminar a casa.
20:54	Baño y aseo.
21:06	Vestirme.
21:12	Salir de casa.
21:36	Cenar con amigos.
23:30	Caminar a casa.
23:40	Acostarme.

Figura 4. Modelo de registro de tres días de actividad.

Si te das cuenta, he sido bastante específico con la canti-dad de tareas que llevo a cabo. Puede ser aburrido, pero nos va a ayudar a hacer un buen diagnóstico de en qué invertimos nuestro tiempo.

Si echas un vistazo a mi lista, verás que invierto la mayor parte de mi tiempo en trabajar, descansar, hacer deporte y relacionarme con amigos. Es un buen ejemplo de rutina que fomenta el bienestar, y tú puedes crearte la tuya.

Puedes ayudarte con la tabla 7 para ir registrando todas las actividades que realizas durante el día. El mero hecho de registrar lo que haces ya va a hacer que empieces a aprovechar más el tiempo, por lo que no dejes de hacer esta actividad.

Tabla 7. Registro de todas las actividades diarias

Hora	Actividad
....	....
....	....
....	....
....	....
....	....
....	....
....	....
....	....
....	....
....	....
....	....

La verdad es que, en épocas en las que he tenido que sacar adelante muchos proyectos, siempre he sido bastante eficiente con el tiempo. He sabido aprovechar al máximo los minutos. Pero la cosa cambiaba mucho cuando no tenía una fecha límite para entregar algo.

Antes perdía muchísimo tiempo en las redes sociales. Me pasaba más de una hora diaria enganchado a la computadora sin hacer nada productivo. A veces me descubría mirando fotos de personas que ni siquiera conocía. Y siempre me preguntaba lo mismo: «¿Y si hubiese dedicado este tiempo a hacer deporte?».

Durante mis años en la universidad, tenía que viajar para llegar a la facultad durante una hora y media de ida y otra hora y media de vuelta. Es muchísimo tiempo. A cualquiera que le digas que tiene que hacer eso te dirá que es una situación adversa. Pero ¿sabes qué? Logré que fuera a mi favor. Leí un montón de libros, estudié muchísimas materias y escuché muchísimos discos. No voy a negarte que también desarrollé una capacidad asombrosa para quedarme dormido en asientos de autobuses.

La clave es querer sacar tiempo para ti. Si tienes la disposición, te aseguro que conseguirás aprovechar mucho más tu día. Vamos con el siguiente paso.

Clasificar nuestras actividades diarias por importancia y urgencia

Ahora ya tienes una pequeña muestra de las actividades que realizas al cabo del día. Seguramente, te habrás sorprendido de la cantidad de cosas que eres capaz de hacer. También puede ser que, si no estás en tu mejor momento y te encuentras triste, tu lista de actividades sea muy corta. En ambos casos son grandes noticias, ya que has dado el primer paso para aprender a gestionar con eficacia tu tiempo y has hecho la lista.

Es el momento de clasificar cada actividad en función de su importancia y su urgencia. A lo mejor te parece sencillo a primera vista, pero te aseguro que requiere de cierto entrenamiento. No te fíes.

En primer lugar, organizaremos las actividades por importancia. Es decir, valoraremos si tienen trascendencia en nuestra vida o no. Para ello nos ayudaremos con las siguientes preguntas.

—¿Qué influencia tiene realizar o no esta actividad en mi vida?
—¿Cómo la veré dentro de cinco años?

Puede que hayas caído en la trampa *a priori* de pensar que la mayoría de las actividades que haces en tu día a día son muy importantes. Pero al hacerte estas preguntas habrás notado que estabas equivocado. Por ejemplo, normalmente evaluamos como muy importantes las tareas domésticas. Ciertamente lo son, pero ¿barrer hoy la cocina tendrá importancia dentro de cinco años? No te digo que dejes de barrer, ojo, pero probablemente sea mucho más importante para ti invertir quince minutos de tu día en hacer deporte.

Es cierto que reducir tus actividades a importantes/no importantes puede ser simplista. Por ello lo que te propongo es que evalúes de cero a diez su importancia relativa, siendo el diez una «trascendencia de vida o muerte» y el cero «sin consecuencias».

0   10

Poco importante   Muy importante

Figura 5. Eje de importancia de nuestras actividades.

Tampoco seas demasiado perfeccionista asignando puntuaciones. No lo pienses demasiado. Con la práctica irás afinando cada vez más. Además, el objetivo de esta técnica es que la interiorices y la automatices. No quiero que pases el resto de tus días apuntando en una libreta la importancia de cada paso que das en tu vida.

Una vez evaluada la importancia, haremos lo mismo con la urgencia. Pueden parecer sinónimos, pero para nada lo son. La urgencia implica que esa actividad tiene que ser solucionada de forma rápida. No implica necesariamente que sea importante.

Para ayudarnos, contestaremos a estas preguntas.

— ¿Tendré oportunidad de volver a esta tarea?
— ¿Necesito resolver esto ahora?

Generalmente, perdemos mucho más tiempo en tareas urgentes que en tareas importantes. Nos pasamos la vida pendientes del reloj. Llegamos tarde a todos los sitios y nos olvidamos de lo verdaderamente importante. Qué es más importante, ¿enseñar a tus hijos a que sepan estudiar por sí mismos o que acaben la tarea de hoy antes de cenar? Seguramente, estarás de acuerdo en que es mucho más importante para ellos aprender a estudiar de forma autónoma. No obstante, dedicamos mucho más tiempo a que terminen los deberes que a enseñarles estrategias para que aprendan a hacerlos ellos mismos. Paradójicamente, invertir tiempo en dotarlos de estrategias para que sean autosuficientes nos carga de trabajo al principio, pero a largo plazo nos libera mucho tiempo.

Al igual que en el parámetro anterior procederemos a dar una puntuación de cero a diez a cada tarea según su urgencia, siendo diez «extremada urgencia» y cero «ninguna urgencia».

0   10

Poco urgente   Muy urgente

Figura 6. Eje de urgencia de nuestras actividades.

Una vez puntuadas las actividades en los dos parámetros, las colocaremos en los ejes que te presento a continuación. Las actividades que puntúen de 0 a 4.9 según su importancia se situarán en el cuadrante del «poco importante», y las que puntúen de 5 a 10 se situarán en «muy importante».

Haremos lo mismo con la urgencia: situaremos las actividades que puntúen de 0 a 4.9 en «poco urgente» y de 5 a 10 en «muy urgente». Así, al final, tendremos dos valores para cada actividad, por lo que podremos clasificarlas fácilmente.

Al igual que antes, no hace falta que dediques demasiado tiempo a pensar en la puntuación correcta para cada actividad. Lo perfecto es enemigo de lo bueno, así que a ser eficiente se ha dicho. Con la práctica, al igual que en el otro parámetro, conseguirás hacerlo mucho más rápido.

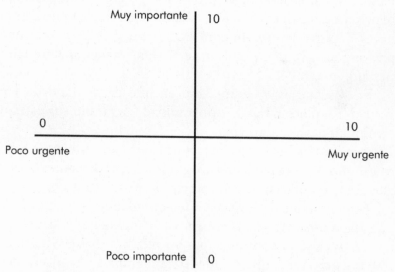

Figura 7. Eje combinado de importancia y urgencia.

Una vez realizada esta tarea, daremos prioridad a las actividades muy urgentes y muy importantes. En segundo lugar, a las muy importantes y poco urgentes. En tercer lugar, a las muy urgentes y poco importantes, y en último lugar, a las poco importantes y poco urgentes.

La mayoría de las personas acumula, a lo largo del día, muchas actividades urgentes pero poco importantes. Y deja de lado las importantes y poco urgentes.

Por ejemplo, llevar a cabo esta actividad es importante y poco urgente. Es decir, a largo plazo puede suponer un beneficio considerable para tu bienestar, pero no pasa nada si no lo haces hoy, puedes hacerlo mañana y el mundo girará en el mismo sentido.

Seguramente estarás de acuerdo en que salir hoy a la calle a hacer deporte no es una actividad urgente. La puedes hacer en cualquier otro momento. Pero a la larga, invertir tiempo en esta actividad te ayudará a tener más energía. Dormirás mejor, te encontrarás más descansado y serás capaz de lidiar con muchas más tareas. Este ejemplo es perfecto para lo que te estoy enseñando. Es una actividad que a corto plazo puede que te quite tiempo, pero que a largo plazo supondrá un beneficio considerable en tu vida. Ni que decir tiene que si haces deporte habitualmente es mucho más probable que prolongues tu vida, por lo que al final vas a ganar mucho tiempo.

Ya ves que estoy empeñado en que hagas deporte. De verdad, no dejes pasar la oportunidad. A mí me supuso un cambio drástico en mi vida.

A continuación, voy a presentarte el cuadrante que resultó de uno de mis pacientes. Seguramente te sonará. Es Miguel, te lo he presentado al principio de este capítulo.

Ten en cuenta que la lista de actividades corresponde a una etapa posterior de la terapia de la que te he hablado antes. Miguel se encontraba mucho mejor y había vuelto al trabajo, pero tenía dificultades para seguir realizando las actividades agradables que había podido implementar en su vida durante la baja laboral. Al volver al trabajo le costó bastante mantener en su rutina el deporte y las reuniones con sus amigos.

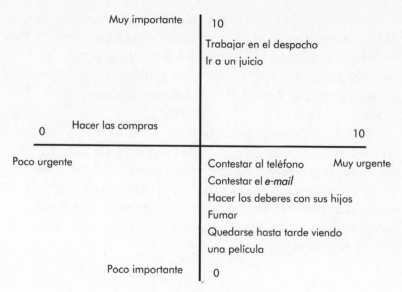

Figura 8. Eje combinado de importancia y urgencia
de un paciente.

Al valorarlas, vio que actividades como contestar el teléfono y revisar el *e-mail* le consumían mucho tiempo y, también, lo distraían de su actividad en el despacho. Hacer los deberes con sus hijos le llevaba más de dos horas y media todos los días. Además, los niños se habían acostumbrado y prácticamente le exigían que les resolviera la tarea, por lo que no aprendían. Dedicaba un promedio de ochenta y dos minutos del día a fumar. Descubrió que estaba muy estresado y tenía la necesidad de desconectarse cuando los niños se habían acostado viendo una película hasta tarde, lo que le hacía dormir menos horas de las necesarias.

Es hora de cambiar nuestra agenda diaria. Es hora de priorizar lo realmente importante. Es hora de dejar atrás todas aquellas tareas urgentes que nos consumen un tiempo valiosísimo.

El tiempo es el único recurso que no es acumulable. Por mucho dinero que tengas no podrás nunca comprar tiempo. Y realmente es necesario para todo lo que haces en tu vida. Tenlo en cuenta cada vez que te descubras a ti mismo desperdiciándolo.

La mayoría de las personas tenemos el cuadrante de *actividades urgentes/no importantes* cargado de tareas y dejamos de lado el cuadrante de las *importantes/no urgentes*. Es precisamente esto lo que, a largo plazo, hace que tengamos las agendas llenas de actividades que nos alejan de nuestro bienestar.

Si dedicamos un poco de tiempo a planificarnos bien, podremos reducir este tipo de actividades y dedicar nuestro tiempo a lo que realmente merece la pena.

Te confieso que intento tener muy en cuenta este principio. A veces se convierte casi en una obsesión. Pero gracias a ello consigo sacar adelante multitud de proyectos. Es cuestión de organizarse bien.

Delega

Es fundamental en esta vida aprender a delegar. Muchas personas nos cargamos de tareas simplemente por creencias irracionales como «Solo yo sé hacerlo como a mí me gusta» o «Si quieres que algo esté bien hecho, tienes que hacerlo tú mismo». Dedicar un tiempo a formar a terceros o aprender a confiar ciegamente en ellos nos ahorrará tiempo y estrés.

En el caso del ejemplo, Miguel dedicaba la mayor parte de sus tardes a ayudar a sus hijos a hacer los deberes. Poco a poco aprendió a trasladarles a ellos la responsabilidad de encargarse solos de sus tareas, dejando siempre un tiempo de veinte minutos para la resolución de dudas. Los pequeños ganaron en autoconfianza y autoestima, ya que su padre los consideraba competentes para ser responsables de sus tareas. Ganó más de una hora al día para encargarse de otras actividades.

Hay millones de personas especializadas en tareas muy concretas. ¿Por qué no contar con ellas? Por ejemplo, yo soy un desastre en cuestión de diseño, y antes dedicaba horas y horas a mejorar mi página web. Como no tengo ni formación ni intuición en este campo, generalmente, perdía el tiempo constantemente. Hasta que decidí contratar a un profesional. Hacerlo fue una de las mejores decisiones que he tomado. A la larga acabé ganando dinero, ya que el resultado final fue espectacular y ahorré un montón de horas que pude invertir en otras cosas.

Destina un tiempo y un espacio determinados a las tareas

Es importante delimitar el espacio temporal que vamos a dedicar a cada cosa. Si hemos analizado nuestra rutina diaria, veremos que comprobamos el celular más de cincuenta veces al día. La mayoría de las veces para nada. Es mucho más eficiente dedicar veinte minutos completos a contestar a todas las personas que se han puesto en contacto con nosotros que interrumpir nuestra tarea cada cinco minutos.

Por ejemplo, Miguel llegó a la conclusión de que dedicando veinte minutos al principio de su jornada laboral y veinte minutos al final de la misma, era capaz de atender a todos los pacientes que se ponían en contacto con él. Así durante el resto del día era capaz de concentrarse en otras tareas de su trabajo. Consiguió ser más eficiente y más productivo, y en ocasiones hasta salir una hora antes del trabajo.

Yo hago exactamente lo mismo. Dedico un rato todas las mañanas a contestar los correos que me van entrando. Si no lo hiciera así, cada media hora tendría que dejar lo que estoy haciendo para leer *e-mails*. Así que, por favor, si me escribes, ten un poco de paciencia: de contestar, contesto, pero puede que tarde veinticuatro horas.

Reduce hábitos poco saludables

¿Te das cuenta de la cantidad de tiempo que dedicas a hábitos poco saludables? Por ejemplo, un fumador de un paquete diario dedica un promedio de una hora al día a fumar. Eso supone siete horas a la semana, treinta horas al mes y 365 horas al año. ¡Son más de quince días al año! Si dejas de fumar ahora mismo, no solo ganarás años de vida, sino que tendrás quince días al año para hacer lo que te dé la real gana.

Con cualquier hábito tóxico pasa lo mismo, pero en especial con los que al día siguiente nos dejan con resaca. Imagínate una noche de copas con tus amigos. Es saludable ver a tus amigos e incluso consumir alcohol de forma moderada, pero cuando nos pasamos, al día siguiente pagamos las consecuencias. Por ejemplo, si tenemos resaca una vez al mes, estamos perdiendo doce días al año. Sumados a los quince del tabaco, estamos perdiendo casi un mes de nuestra vida en un año.

Visto así da vértigo, ¿verdad? El objetivo no es la perfección, es la mejora continua. Si fumas, quítate algún cigarro. Si sales con tus amigos, a la segunda cerveza pásate a la sin alcohol. Poco a poco verás que te empieza a sobrar tiempo. Y como dicen por ahí, el tiempo es oro.

Mantén el enfoque

Si estás haciendo una tarea determinada, mantén tu atención en esa tarea y no pares cada quince minutos para empezar otras cosas. Haz solamente una cosa a la vez. La atención humana es tremendamente reducida y generalmente somos muy malos a la hora de sacar adelante dos tareas al mismo tiempo.

Si estás tendiendo la ropa, dedícate a tender la ropa, no empieces a recoger los platos a mitad de la tarea, porque al final lo que vas a conseguir es ser ineficaz en ambas actividades.

Por ejemplo, a mí, cuando escribo, me cuesta concentrarme. Me descubro muchas veces navegando por internet sin rumbo. Por ello, lo que hago es irme a algún lugar donde no tenga acceso a la red. Así me es mucho más fácil concentrarme.

Además, antes de realizar una tarea concreta intento ponerme un objetivo. En el caso de la escritura, intento escribir en cada sesión seis páginas. Solamente abandono la tarea cuando lo he conseguido o si tengo algo programado en la agenda.

Te confieso que muchas veces acabo antes de la hora establecida porque soy mucho más eficiente de este modo. Así le puedo ganar al día veinte o treinta minutos que puedo dedicar, por ejemplo, a hacer deporte.

Dedica tiempo al descanso y al ocio

El ocio y el descanso tienen que estar en tu lista de actividades importantes. Es fundamental para conservar el estado de ánimo y la energía que dediquemos tiempo a estas actividades.

Intenta dormir de noche; sé que a lo mejor llegas muy cansado de trabajar y te apetece echarte una siesta. Pero si lo haces, estarás rompiendo los ritmos biológicos del cuerpo y es probable que te cueste más dormir por la noche, por lo que te levantarás cansado y volverás a recurrir a la siesta.

Corta ese círculo. Intenta dormir cuando toca. El descanso será mucho más profundo y te levantarás con mucha más energía.

Dedica tiempo a pasarlo bien, a incrementar tu ocio. A reunirte con amigos, a hacer deporte.

Establece una lista de actividades clasificadas como urgentes/no importantes e intenta poner soluciones para que no consuman tu tiempo. Puede que al principio te sientas más ocupado, pero eso será porque estás invirtiendo tiempo en actividades importantes/no urgentes que harán que tu lista de actividades urgentes/no importantes descienda.

Poco a poco, tu agenda se irá despejando hasta que puedas incorporar a tu día a día todas esas actividades que llevas dejando de lado durante años.

Para ayudarte a ganar tiempo, he configurado la tabla 8 para que registres las actividades urgentes y no importantes y su posible solución. Cierto es que habrá algunas que no

puedas solucionar, en principio, pero tiempo al tiempo, pues
seguro que pronto se te ocurrirá algo.

Tabla 8. Lista de actividades urgentes/no importantes y sus
posibles soluciones

Actividades urgentes/ no importantes	Posible solución para ganar tiempo
....	....
....	....
....	....
....	....
....	....
....	....
....	....
....	....
....	....
....	....
....	....

Curiosidades científicas

En contra de la creencia popular de que cada uno es un mundo, la realidad es que todos pertenecemos a la misma especie y, en general, funcionamos de forma bastante parecida. Gracias a ello, hemos conseguido desarrollar métodos de evaluación, diagnóstico y tratamiento que funcionan con personas de todo el mundo y de culturas totalmente diferentes. Empecemos hablando de genética.

La mayoría de los trastornos psicológicos depende en cierta medida de nuestra carga genética. Durante muchos años, dentro de la psicología científica ha habido un debate encarnizado entre los defensores de que la conducta depende del ambiente y los defensores de que la conducta depende de la herencia. Actualmente, hemos superado esta cuestión y podemos afirmar que es la interacción de herencia y ambiente la que explica mejor la conducta humana.

Para poner un ejemplo, el sobrepeso de una persona tiene causas genéticas y ambientales. Puede que sus dos progenitores también sufrieran obesidad y es posible que haya heredado los genes que hacen que acumule más grasa corporal en determinados lugares, pero también es cierto que, con un cambio de estilo de vida, fomentando el ejercicio físico y la alimentación sana, consiga mantenerse en su peso normal.

Esto ocurre también con la tristeza y la depresión. Se ha demostrado que los parientes de primer grado, es decir, padres, hijos y hermanos, de una persona que cumpla criterios para ser diagnosticada de trastorno depresivo mayor, tienen más posibilidades de padecer este problema. En diferentes estudios se han encontrado genes relacionados con este mal. Los cromosomas implicados son el 4, el 5, el 11, el 18, el 21 y el X.

Lo que heredamos no es la depresión en sí, sino una predisposición a padecer esta sintomatología.

Una de las claves está en el gen que codifica el transporte de la serotonina, un neurotransmisor relacionado con el estado de ánimo. Una de las variantes de este gen, el 5HTT, parece activarse ante la aparición de experiencias estresantes.

Los individuos con dos copias de alelo corto del 5HTT tienen más posibilidades de padecer síntomas depresivos en su vida y experimentan más tendencias suicidas en comparación con individuos con una sola copia. Esto no quiere decir que si tenemos parientes que padecen síntomas depresivos graves nosotros vayamos a padecerlos. Puede que sus síntomas se deban a otros factores. En el peor de los casos, si somos portadores de las dos copias de alelo corto del 5HTT no significa que no podamos hacer nada. Podemos aprender recursos para mitigar las experiencias estresantes y formas de regular nuestro estado de ánimo.

Lo que quiero que comprendas en este apartado es que heredamos la predisposición a estar más tristes, pero no la tristeza en sí. Si tus dos padres han padecido depresión y has heredado sus genes implicados en el transporte de serotonina, esto significa que tendrás que tener especial cuidado y llevar una vida que promocione el bienestar.

Si te interesa este tema, puedes consultar el artículo de Lourdes Fañanás «Bases genéticas de la vulnerabilidad a la depresión».*

* *Anales del Sistema Sanitario de Navarra*, 25 (3), septiembre de 2002, págs. 21-42.

3

DETECTAR PENSAMIENTOS NEGATIVOS

> Todo lo que somos es el resultado de lo que
> hemos pensado; está fundado en nuestros
> pensamientos y está hecho de nuestros pen-
> samientos.
>
> BUDA

Está demostrado que el ser humano no es objetivo en sus valoraciones de la realidad. Es decir, que no vemos las cosas como en realidad son. Cuando nos encontramos bien, tendemos a percibirnos como más capaces, vemos nuestro entorno de forma positiva, miramos el futuro con esperanza, percibimos menos riesgo del que de verdad existe, etcétera. Pero por el contrario, cuando nuestro estado de ánimo es peor, sucede al revés.

Tienes que tener en cuenta que incluso en el plano fisiológico solamente somos capaces de percibir una parte de la realidad. Por ejemplo, no oímos todas las frecuencias de sonidos que existen. Somos capaces de percibir ondas situadas entre los veinte y los veinte mil hercios. Fuera de esta frecuencia no somos capaces de percibir nada. Lo mismo ocurre con la visión.

Y esto solamente en un plano muy básico. No te quiero contar lo que ocurre en los planos del pensamiento. Cada evento que pasa a nuestra consciencia está influido por un montón de variables. Somos mucho menos racionales de lo que creemos. Hay un estudio en el que, por ejemplo, se evalúa la capacidad para la toma de decisiones cuando tenemos bajo el nivel de glucosa en sangre. Parece que cuando tenemos hambre somos bastante peores en este tipo de tareas.

Por supuesto, no somos conscientes de estos procesos. Ocurren en nuestro cerebro a cada momento. Lo único que podemos hacer es saber que estos procesos suceden. De esta manera, nos tomaremos menos en serio nuestras interpretaciones de la realidad.

El pensamiento existe en el cerebro humano porque ha supuesto una ventaja evolutiva en algún momento de nuestra existencia. Ten en cuenta que somos mamíferos de piel fina, sin garras, corremos a poca velocidad y no estamos preparados para ver en la oscuridad. En resumen, somos alimento fácil para los depredadores. De alguna manera teníamos que suplir todas estas carencias.

Por ello el pensamiento es solamente una herramienta que nos ayuda a sobrevivir, no es una realidad. Lo que quiero es que seas consciente de que no siempre lo que pensamos es verdad, sino que demasiado a menudo cometemos errores.

Vamos a hacer un ejercicio para demostrar esta cuestión. Recuerda la última vez que asististe a un concierto, al cine o a algún evento en el que había un desconocido sentado a tu derecha. Si yo te pregunto: «Cómo irías más seguro en un coche, ¿conduciendo tú o conduciendo el desconocido?», la gran mayoría pensará que poner su vida en manos de un desconocido es peor idea que dejarla en las propias. Pues siento decirte que no sabemos el nivel de conducción del desconocido, podía ser el próximo Fernando Alonso. Se trata de un sesgo de pensamiento, en este caso, una tendencia sana. Infravaloramos el riesgo de accidente si somos nosotros los conductores.

Cuando uno está bien, la proporción de sesgos positivos/ pensamientos negativos es aproximadamente de 3-1. Esta proporción se invierte cuando estamos deprimidos. Por ello es de vital importancia que demos a nuestra forma de pensar un papel protagonista.

Volvamos al caso de nuestro amigo Miguel, el abogado del capítulo anterior.

Miguel lleva unos días de baja laboral tras el fallecimiento de su madre. Se siente profundamente triste y se le hace muy difícil llevar a cabo cualquier actividad. Una mañana, tras abrir el correo del trabajo, ve que ha recibido un *e-mail* de un compañero. En él, su compañero le pregunta qué tal está y le desea una pronta recuperación. Miguel enseguida empieza a pensar que de seguro sus compañeros se están burlando de él porque está deprimido. Se enfada muchísimo y se dice a sí mismo que nunca jamás volverá a confiar en ninguno de ellos.

Piensa que a pesar de todo lo que les ha dado durante todo este tiempo, lo valoran poco. Se ve a sí mismo solo en la oficina, sin hablar con nadie. Este pensamiento le genera una emoción de tristeza muy intensa.

Su mujer le pregunta cómo se encuentra y él lo interpreta como que ella está harta de que él esté siempre triste. Se empieza a preocupar, porque seguro que tarde o temprano ella decidirá divorciarse. Total, ¿quién quiere estar con una persona así? La ansiedad empieza a subir, nota una fuerte presión en el pecho y se echa a llorar.

Si te das cuenta, Miguel, ante dos situaciones totalmente neutras o incluso positivas, en las cuales dos personas distintas muestran su interés por él, el pensamiento de nuestro amigo le juega una mala pasada y le hace interpretar la realidad de una forma totalmente distorsionada que agrava su cuadro.

En el presente capítulo nos dedicaremos a tomar conciencia de nuestros pensamientos automáticos negativos. Es un proceso complicado, pero conseguir detectarlos es el primer paso para poder cambiarlos.

Modelo ABC

El modelo ABC fue teorizado por Albert Ellis —un psicólogo de prestigio mundial— en los años cincuenta. Su fundamentación teórica se ha demostrado en millones de experimentos por todo el mundo. Terapeutas de todos los países utilizan este modelo para dirigir sus intervenciones. Pasamos a explicarlo.

—*Situación (A)*. Se trata del estímulo que dispara el pensamiento. Puede ser una situación, una persona, una sensación en el cuerpo, un objeto, etcétera. *El estímulo es independiente de la persona*, es decir, la habitación en la que estás leyendo este libro conserva sus propiedades físicas, aunque tú no estés en ella. No varía, no depende de tu juicio. Otro ejemplo son los latidos del corazón, que son generalmente similares y que se producen aunque no nos demos cuenta, incluso mientras dormimos (¡menos mal...!). Es muy importante que entendamos que la situación no depende de nuestra interpretación. La situación es el mundo exterior (en el caso del latido del corazón, aunque esté en el interior de nuestro cuerpo, es independiente de nuestra interpretación).

—*Pensamiento (B)*. Se refiere a *la forma en la que percibimos la situación*. En él influyen muchísimas variables, desde nuestra genética, nuestra educación, la forma de percibir la vida que tenemos, los modos de razonar que hemos aprendido años atrás, nuestros miedos, el estado de ánimo en el que nos encontramos, etcétera. Pongamos un ejemplo para clarificarlo. Imaginemos un examen: objetivamente, es el mismo para todos los alumnos, pero la percepción cambiará dependiendo de variables como el tiempo que hemos dedicado a estudiar, nuestra experiencia en este tipo de pruebas, nuestra afinidad con el profesor o el dominio de la materia.

En el pensamiento se manifiestan tendencias que muchas veces sesgan nuestra visión de la realidad. Existen distorsiones relativamente comunes descritas en la bibliografía científica. Más adelante, en este mismo capítulo, haremos un repaso.

—*Emoción (C)*. Dependiendo de nuestra interpretación de la realidad, reaccionaremos con una emoción distinta y con una intensidad determinada. En situaciones que a algunas personas les generan indiferencia, nosotros podemos responder con temor, ira o tristeza. Debemos tener claro que *la emoción no depende directamente de la situación, sino de la interpretación que hacemos de esta.*

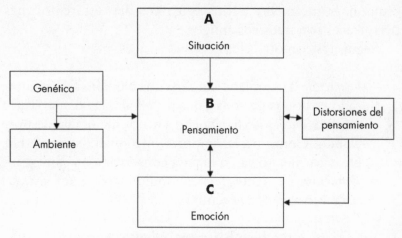

Figura 9. Modelo ABC.

Hemos de tener claro que las emociones que sentimos en un momento determinado también influyen en nuestra forma de pensar. Como ya hemos visto, cuando estamos tristes tenemos una proporción mayor de pensamientos automáticos negativos.

Vamos a poner un ejemplo práctico para entenderlo mejor. La situación siempre va a ser la misma, pero cambiaremos el pensamiento, para ver cómo las emociones que sentimos posteriormente son muy distintas. Empecemos...

—*Situación.* Tus amigos van a ir a una reunión. Te has enterado por otras personas, porque ellos no te han avisado.

—*Pensamiento.* «Detestable gentuza, tener amigos para esto, yo siempre me he matado por ellos y ahora no son capaces ni siquiera de llamarme. Pues que se vayan al demonio, no pienso contar con ellos nunca más.»

—*Emoción*. Te sientes enfadado, no los llamas ni asistes a la reunión.

En este caso, los pensamientos automáticos negativos nos llevan a un estado de enfado y finalmente no acudimos a la reunión. Seguramente en los próximos días estaremos más perspicaces con nuestros amigos.
Seguimos con otro ejemplo.

—*Situación*. Tus amigos van a ir a una reunión. Te has enterado por otras personas, porque ellos no te han avisado.
—*Pensamiento*. «Lo han vuelto a hacer, me siguen despreciando. Como no les importo, ni siquiera se molestan en avisarme, no valgo ni para conservar a mis amigos.»
—*Emoción*. Te sientes triste, hundido, con la autoestima baja. No asistes a la reunión.

En este caso también hay pensamientos automáticos negativos, pero la emoción que sentimos es radicalmente distinta. Es tristeza, apatía...; evidentemente, las posibilidades de que acudamos a la reunión son mínimas.
Pasamos al tercer ejemplo.

—*Situación*. Tus amigos van a ir a una reunión. Te has enterado por otras personas, porque ellos no te han avisado.
—*Pensamiento*. «No me han avisado. ¿Será algo que he hecho? ¿Les habrá molestado algo? Soy un hablador, siempre estoy metiendo la pata.»
—*Emoción*. Te preocupas y te sientes culpable. Pasas el resto del día dándole vueltas sin llegar a una conclusión. No asistes a la reunión.

En este caso, los pensamientos nos llevan a un estado de ansiedad que alimenta nuestras preocupaciones. Por otro lado, nos estamos sintiendo culpables por algo que ni siquiera hemos identificado.

Veamos el último ejemplo:

—*Situación.* Tus amigos van a ir a una reunión. Te has enterado por otras personas, porque ellos no te han avisado.

—*Pensamiento.* «Pero ¡qué despistados son! Seguro que se les ha pasado o creen que ya estoy avisado, voy a llamarlos para concretar la hora.»

—*Emoción.* Llamas a uno de tus amigos, te contesta sorprendido porque creía que lo sabías, se disculpa inmediatamente y te invita a que los acompañes. Te sientes contento.

En este caso no hay pensamientos automáticos negativos, hay un *pensamiento adaptativo*, nos quedamos con la opción más probable, que no se hayan dado cuenta y, por si acaso, telefoneamos a uno de ellos. Seguramente me dirás que sobre el papel es muy bonito, y efectivamente, con toda intención he exagerado los ejemplos, pero sin duda se te escapó algo fundamental.

En el último ejemplo no tomamos nuestro pensamiento como una realidad y decidimos comprobar la verdad con una llamada telefónica. ¿Qué pasaría si en los tres primeros ejemplos la realidad hubiera sido que efectivamente por una confusión creyeran que ya nos habían avisado? Nos habríamos sentido tristes, preocupados o enfadados sin ninguna razón. Habríamos malgastado energía y tiempo en algo que solo era real en nuestra cabeza. Esta es la esencia de lo que te quiero transmitir.

Evidentemente, puede ocurrir que, en una situación así, llame a mis amigos y me digan que soy un pesado y que realmente no quieren que vaya. ¡Genial! Esto no es un pensamiento automático negativo, sino un problema. Es decir, estoy interpretando la realidad de una forma precisa, aunque haga que me sienta mal. En ese caso, lo que tenemos es un problema... Si te sucede a ti, no sufras, que en próximos capítulos te enseñaremos cómo resolver problemas.

Volvamos a los pensamientos. Hay dos reglas básicas.

1. *Los pensamientos no son realidades*. Solo existen en nuestra cabeza. No porque yo piense algo, ese algo es real. Por ejemplo, imagínate que estoy atemorizado en un avión creyendo que el aparato se cae. Pues bien, aunque yo piense eso, no significa que se vaya a caer. Visto desde otra perspectiva, aunque todos los jueves piense que me voy a sacar la lotería, sigo sin sacármela, porque la realidad es absolutamente independiente del pensamiento.

2. *No confundir lo posible con lo probable*. Hay miles de millones de acontecimientos posibles que no suceden nunca. ¿Para qué nos vamos a preocupar por ellos? ¿Es posible que en este mismo instante se te caiga el techo encima? Evidentemente, pero hasta que no lo he mencionado no te habías percatado de esa posibilidad. Muchas veces nos obsesionamos con cosas que tienen posibilidades remotísimas de ocurrir. Intentemos ahorrar energía, *hay que ocuparse, no preocuparse*.

Es fundamental que te grabes a fuego estas dos reglas. Te aseguro que ahora mismo parecen muy sencillas, pero en los momentos en los que aparece en nuestra conciencia un torrente de pensamientos automáticos negativos o en los que sentimos una emoción intensa, es verdaderamente difícil recordar que lo que estamos pensando no es una realidad o que es improbable que ocurra.

En los momentos en los que más triste me encontraba, tenía pensamientos negativos muy duros. Por ejemplo, pensaba que era muy mal psicólogo. Pensaba que tendría que dejar la profesión y dedicarme a otra cosa. Entonces creía totalmente lo que pensaba. No caía en que mi pensamiento era una interpretación, fruto de la emoción de tristeza que me dominaba. Confundía mi interpretación con la realidad. No tenía ninguna prueba para pensar que era peor psicólogo que hacía unos meses, sin embargo, no podía evitar que este pensamiento viniera a mí cada día.

Fruto de este pensamiento empezaba a anticipar cómo sería mi vida si dejara la profesión que tanto amo. Me veía a mí mismo buscando trabajo en otros lugares, incluso anticipaba que nunca jamás nadie me daría un puesto y tendría que vivir de la caridad de mis padres y del Estado para siempre. Este pensamiento entra dentro de lo posible, pero es realmente poco probable que ocurra. Primero, porque nunca me ha faltado trabajo; segundo, porque generalmente siempre se me ha valorado bien en los lugares donde he estado; y tercero, porque es altamente improbable que nunca jamás se encuentre un puesto de trabajo. La cosa está mal, pero no tanto.

Pero yo seguía cometiendo estos dos errores, confundía la realidad con mi interpretación y lo probable con lo posible. Hasta que decidí autoaplicarme las técnicas que estás aprendiendo en este libro.

Pensamiento saludable contra pensamientos automáticos negativos

Absolutamente todos tenemos pensamientos automáticos negativos. Es algo completamente normal en la vida de las personas, lo que ocurre es que en ocasiones este modo de pensar se convierte en un obstáculo a la hora de llevar a cabo una vida normal e interfiere en nuestras relaciones sociales, en nuestro trabajo, en nuestro ocio, etcétera.

Al final, nunca somos objetivos en nuestras interpretaciones de la realidad, por lo que la principal diferencia entre pensamientos saludables y pensamientos automáticos negativos es la utilidad que estos tienen para nosotros. Generalmente, los estilos de pensamiento que nos generan sufrimiento han tenido alguna utilidad en otras etapas de nuestra vida.

Por ejemplo, yo era una persona tremendamente tímida. Siempre he dado muchísima importancia a lo que los demás pudieran pensar de mí. Esta forma de pensar me ha ayudado mucho, ya que cuando no quieres decepcionar a nadie, te vuelves un chico estudioso, preocupado por los demás y siempre estás dispuesto a echarle una mano a todo el mundo.

Pensar de este modo genera actitudes que son realmente buenas para uno mismo. El problema aparece cuando llevamos al extremo este sesgo. Por ejemplo, durante parte de mi niñez, era tan tímido que era incapaz de saludar a un vecino. Me daba una vergüenza tremenda. Prefería salir corriendo antes que decir un simple «hola». Esta actitud impidió que me hicieran daño, claro que sí, pero me privó durante muchos años de tener un contacto social sano. Con el tiempo y tras cambiar mi forma de pensar, he llegado a superar esta dificultad. En el momento actual considero que soy totalmente capaz de entablar una conversación con un desconocido o dar una conferencia en público.

Mi estilo de pensamiento hace años, en un contexto determinado, podía ser muy adaptativo. Pero en el momento actual podría suponer muchas limitaciones para mi vida diaria. Por ello es fundamental que evites culpabilizarte por el tipo de pensamientos que tienes, ten en cuenta que es muy probable que, en un momento de tu historia, fuera útil. Lo que ocurre es que simplemente esta forma de ver el mundo ha dejado de ayudarte, por lo que es necesario cambiarla cuanto antes.

Los seres humanos cambiamos nuestra visión del mundo constantemente. Por ejemplo, a los cinco años es normal creer que cuando se te cae un diente, si lo dejas debajo de la almohada, viene un ratón con poderes mágicos y te cambia el diente por un regalo. Es completamente normal pensar así a esa edad. Ahora bien, si sigues pensando lo mismo con veinticinco años, probablemente no estés evaluando la realidad de forma adecuada y esto te genere emociones negativas. Voy a ponerte otro ejemplo. Imagina que te llaman para una entrevista de trabajo. En un primer momento puedes pensar que nunca te van a seleccionar, que no eres lo suficientemente bueno y que con la crisis que hay seguro encuentran otro candidato mejor preparado. Estarás de acuerdo en que es improbable que pensando así llegues a acudir a la entrevista de trabajo. Si por el contrario piensas que es una gran oportunidad y que, aunque probablemente haya muchas personas muy preparadas, tú vas a compensar la falta de preparación con entusiasmo, es muy probable que te lances a hacer la entrevista.

La primera forma de pensar te protege. Evita que salgas a lo desconocido. Podría ser muy beneficiosa en un contexto determinado. Pero lamentablemente, en nuestra sociedad, en el momento actual, sería la segunda forma de pensar la que te traería más oportunidades.

Pensamiento saludable

El pensamiento saludable es aquel que nos prepara para afrontar de forma positiva una situación. No genera altas emociones, es flexible, es fruto del razonamiento lógico y se basa en las evidencias.

Este modo de pensar nos ayuda a tomar los problemas como algo natural de la vida que hay que solucionar. Es un modo de pensar constructivo, que nos hace mirar hacia delante. Pongamos ejemplos de pensamiento saludable en situaciones que son objetivamente adversas.

—*Situación*. La empresa para la que trabajas acaba de quebrar. Te has quedado sin trabajo.
—*Ejemplo de pensamiento saludable*. «Se avecina una situación complicada; afortunadamente, tengo ahorros para mantenerme durante un tiempo. Además, voy a hacer todo lo que está en mi mano para encontrar otro trabajo pronto.»

Vemos que este pensamiento primero nos tranquiliza y después nos orienta a la acción para resolver la situación lo antes posible. Veamos otro ejemplo.

—*Situación*. Acaban de diagnosticarme un cáncer. Me quedan seis meses de vida.

—*Ejemplo de pensamiento saludable.* «Lo único que puedo hacer es seguir las instrucciones que me den los médicos para aguantar la mayor parte del tiempo que pueda. Voy a dedicarme a lo que siempre he querido: mi familia. Voy a pasar cada día como si fuese el último, y cuando llegue la hora, me despediré de ellos.»

He puesto a propósito este ejemplo para que te revuelvas en el sillón. Es una situación objetivamente muy adversa, pero el ejemplo de pensamiento saludable es real. No obstante, he de decir que el proceso habitual para llegar a este tipo de pensamientos en una situación similar es largo y complicado. Pero es posible.

Con entrenamiento serás capaz de cambiar pensamientos automáticos negativos por pensamientos saludables. Simplemente, es cuestión de entender cómo funciona nuestra mente y después practicar.

Pensamiento automático negativo

Se caracteriza por producir altas emociones y no estar basado en un razonamiento que siga la lógica. Se presenta con un lenguaje especial, con expresiones y palabras cargadas de contenido emocional. Se produce de forma automática y es completamente creíble. El problema es que no se basa en la evidencia y no aporta nada. No nos prepara para solucionar problemas, sino que nos mantiene con emociones negativas. Como en el apartado anterior, vamos a poner un par de ejemplos para aclararlo.

—*Situación.* Acabas de aprobar un examen con un 7.25 sobre 10.
—*Pensamiento automático negativo.* «¡Vaya catástrofe! He fallado como un idiota en cosas que había estudiado. He tirado tres meses de estudio intensivo. No sirvo para nada.»

Otro ejemplo...

—*Situación.* Te acaban de llamar para trabajar el fin de semana.
—*Pensamiento automático negativo.* «¡Vaya mierda! Ahora también tengo que trabajar los sábados, me están explotando, esto es un abuso, soy un esclavo, qué asco de trabajo y qué asco de vida.»

Te parecerán muy radicales así escritos, pero te reto a que monitorices tus pensamientos durante una semana y verás que son más habituales de lo que crees. El problema es que no somos conscientes de ello. En la parte práctica tienes un ejercicio para empezar a tomar conciencia.

Vamos a ver un ejemplo sobre cómo una forma de pensar puede distorsionar totalmente la realidad.

Consuelo, de 23 años, acaba de terminar la carrera de Economía, lo ha hecho con muy buenas notas y aprobando casi siempre a la primera. Hoy va a una entrevista de trabajo muy interesante para la que la han llamado. Anteriormente ha hecho tres, pero no ha tenido suerte.

Al empezar, el señor Gutiérrez, el entrevistador, manifiesta interés por el currículo de Consuelo. Poco a poco va haciendo preguntas acerca de su formación y ella va resolviendo las dudas que al señor Gutiérrez se le presentan. Se vende muy bien y el entrevistador asiente en cada respuesta.

Al final de la entrevista, el señor Gutiérrez se siente muy satisfecho y encantado con Consuelo, pero de camino a la puerta le hace una última pregunta. ¿Consuelo, tendría disponibilidad para trabajar fuera de la ciudad? Ella dice que es imposible, que no tiene licencia de conducir. El señor Gutiérrez indica que es una pena, pero que no pasa nada, que está interesado en que continúe en el proceso de selección.

Al salir, Consuelo llama a su madre y le dice que la entrevista ha salido fatal, que nunca la van a llamar, que no va a poder independizarse nunca y siempre va a vivir del dinero que le dan sus padres.

Seguramente piensas que Consuelo es una exagerada, que está haciendo una tormenta en un vaso de agua. Pero vamos a hacer un experimento. ¿Hay algo negativo en la entrevista? Mi experiencia con esta historia señala que la mayoría contestaría que sí, que no tiene licencia y no puede trabajar fuera de la ciudad. Pero ¿es en realidad algo negativo? Parece que no, es información neutra, no sabemos las razones reales por las cuales el entrevistador hace la pregunta. No obstante, casi todos tendemos a interpretar esta información neutra como negativa. Esto se repite cada día en nuestra vida cotidiana.

Es posible que al entrevistador le haya gustado tanto Consuelo que quiera ofrecerle un puesto de mayor responsabilidad fuera de la ciudad. Normalmente, no valoramos esta posibilidad, ya que todos solemos tener entre nuestras experiencias entrevistas de trabajo que no han salido bien.

La clave de este apartado es que veas que la realidad es totalmente independiente de nuestro pensamiento. Y que la manera de aproximarnos a esta realidad es siempre subjetiva. Por lo que, ya que vamos a cometer errores, por lo menos cometamos errores de pensamiento que nos favorezcan.

Te cuento una anécdota de un amigo mío, también psicólogo, que ilustra perfectamente lo que te quiero enseñar.

Mi amigo nunca había tenido suerte en el amor. Le costaba mucho hablar con chicas. Siempre tenía en la cabeza pensamientos como: «No soy suficiente para ella» o «No le gusto a ninguna chica». Un día, mientras estudiábamos los pensamientos automáticos negativos, decidió que ya puestos a cometer «errores de pensamiento» iba a hacerlo de una forma que le conviniera. Empezó a pensar: «les gusto a todas las chicas» y paradójicamente su éxito en el amor se multiplicó exponencialmente.

Al tener este pensamiento de base, tenía mucha más confianza en sí mismo, no se boicoteaba y empezaba muchas más conversaciones con desconocidas, por lo que al final su vida amorosa se transformó.

Por supuesto, este no es un ejemplo de lo que hay que hacer. El pensamiento «les gusto a todas» está totalmente distorsionado y al final acaba generando emociones negativas. Evidentemente, no le puedes gustar a todo el mundo y tarde o temprano vas a llevarte un buen chasco. Te he contado esta historia a modo de ejemplo, no para que la imites.

He de decir que ahora mi amigo tiene un pensamiento totalmente saludable en relación con su vida amorosa (¡menos mal!).

Ejemplos de distorsiones del pensamiento

Los tipos de distorsiones que voy a describir a continuación son los que considero más comunes; absolutamente todos los seres humanos caemos en ellos de vez en cuando. Sí que es verdad que, dependiendo de las vivencias de cada uno, el aprendizaje vital que haya tenido e incluso la influencia genética, estamos predispuestos a caer más en unas que en otras. A continuación, pasamos a describirlas... A ver con cuál te identificas más.

Atención selectiva

Es un tipo de tendencia que consiste en fijarnos solamente en detalles aislados de la situación y hacer una valoración global únicamente en función de estos. Tendemos a sacar estos detalles del contexto y pasamos por alto otras características a veces más importantes.

Por ejemplo, imagina que acabas de salir de un examen y piensas: «El examen me salió muy bien, pero al entregarlo el profesor frunció el ceño; seguro que me suspende». Si te das cuenta, solamente estás atendiendo a un detalle en particular de la situación, a un gesto totalmente neutro: el profesor puede haber fruncido el ceño por miles de razones. Estás dejando fuera de la evaluación de la situación un montón de variables, como las horas de estudio o el dominio de la materia. En general, las horas que dedicas a preparar un examen influyen mucho más en la nota que sacas que la cara que pone el profesor cuando le entregas el ejercicio.

Adivinar el futuro

Es la tendencia a hacer predicciones catastróficas de futuro. Esta forma de ver la realidad nos mantiene en constante preocupación, en ocasiones por cuestiones que son muy improbables; no obstante, las vivimos como si de verdad estuviesen ocurriendo.

Supón que es viernes por la noche y recibes un mensaje en tu teléfono invitándote a una fiesta. De repente piensas: «Seguro que, si voy a la fiesta, me amargo y no me divierto. Mejor me quedo en casa». En este caso estamos haciendo una predicción de futuro que no está respaldada por ninguna evidencia. Es posible que en ocasiones anteriores no nos hayamos divertido mucho. Pero seguro que hay otras ocasiones en las que nos la hemos pasado genial. En general, las fiestas están hechas para divertirse, por lo que es más probable que la pasemos bien a que nos amarguemos. Si hiciéramos un recuento de todas las fiestas o reuniones a las que hemos acudido, seguramente nos habremos divertido en más ocasiones.

Catastrofización

Con esta distorsión damos una importancia muy alta a cuestiones que objetivamente no tienen ese peso. Tendemos muchas veces a exagerar las consecuencias de los actos o a ponernos en lo peor. Como en el caso anterior, vivimos estas catástrofes como si de verdad lo fueran.

Por ejemplo, te acabas de levantar para ir a trabajar, no te apetece nada enfrentar el día y, para colmo, cuando vas a meter el café en el microondas el vaso se te resbala. Piensas: «Es una tragedia, un horror, se me ha caído y se ha roto el vaso de café del desayuno». Una catástrofe es un terremoto o un incendio. Si comparamos el sufrimiento que nos provocaría una de estas situaciones con un vaso roto, seguramente todos estaremos de acuerdo en que el acontecimiento del desayuno apenas tiene importancia. No obstante, si apuntásemos todo lo que nos pasa por la cabeza durante un día entero, seguramente encontraríamos muchísimos ejemplos de este tipo de distorsiones. Son muy comunes.

Etiquetamiento

Consiste en utilizar etiquetas para calificar conductas propias o ajenas. En ocasiones reducimos toda nuestra realidad o la de otros a un adjetivo. Tomamos como norma de evaluación dos o tres situaciones y las generalizamos basándonos en ese adjetivo.

De nuevo, imagina que al salir de un examen de matemáticas dejaste sin responder una pregunta y piensas: «No he sabido resolver el problema, soy un imbécil». Si buscamos en el diccionario la palabra *imbécil,* la definición no tiene nada que ver con ser incapaz de resolver un problema de matemáticas. Seguramente este hecho tendrá más que ver con la falta de estudio o con los nervios que con la imbecilidad. Pero ponernos esta etiqueta nos hace muchísimo daño. Nos genera un sufrimiento injustificado, por lo que es de vital importancia desterrar este tipo de adjetivos de nuestros pensamientos.

Deberías...

Son creencias sobre cómo tendría que ser una situación o una persona. La característica principal de este sesgo es su rigidez. Tenemos expectativas de personas o situaciones que nunca se llegan a cumplir, por lo que nos frustramos o nos preocupamos. A veces exigimos a los demás o a nosotros mismos muchísimo más de lo que podemos esperar.

Son *deberías...* este tipo de pensamientos: «Debería haber superado la muerte de mi madre», «Debería estudiar, ir al gimnasio, salir con mis amigos, cuidar de mis hijos y hacer las compras esta tarde», «Mi novia debería comprenderme mejor».

Cuando pensamos de este modo somos demasiado rígidos. Nos volvemos muy duros con nosotros mismos. Nos autoimponemos un criterio demasiado alto que difícilmente podemos cumplir. Es impensable que todos los días estemos al cien por ciento. La vida es mucho más complicada que eso. Por ello es necesario flexibilizar nuestra forma de pensar. La realidad es demasiado compleja.

Inferencias arbitrarias

Con esta distorsión, sacamos conclusiones partiendo de premisas falsas o tras realizar un razonamiento ilógico.

Por ejemplo, te acabas de levantar, miras por la ventana y piensas: «Hoy está nublado, seguro que mi día es malo». No hay ninguna conexión entre los dos hechos. No tiene nada que ver el tiempo que hace con lo que te ocurra ese día. Bueno, sí, puede que te mojes si no llevas un paraguas, pero nada más. Continuamente hacemos este tipo de inferencias. Relacionamos eventos que nada tienen que ver entre sí y lo peor es que nos lo creemos. Vivimos en una subjetividad que nos hace mucho daño.

Lectura de mente

Consiste en inferir pensamientos, intenciones y sentimientos en los demás sin tener una base sólida en la que apoyarnos. Muchas veces tenemos la tendencia a extraer conclusiones negativas sobre la realidad mental de los demás. Estarás de acuerdo conmigo en que leerle el pensamiento a alguien es materialmente imposible. Aunque lleves casado con alguien cincuenta años, no eres capaz de saber lo que pasa por su mente, por lo que esta tendencia de pensamiento conduce a errores muchas veces.

Supón que vas a desayunar al restorán de la esquina. Pides un café al camarero y piensas: «Seguro piensa que soy idiota. No me ha mirado a los ojos, seguro que no le caigo bien». Los seres humanos no tenemos poderes telepáticos, por lo que es totalmente imposible leer la mente de nadie. Por definición, siempre que intentamos adivinar lo que otra persona está pensando nos equivocamos.

Este tipo de tendencias de pensamiento es muy habitual en los problemas de pareja. La falta de comunicación al dar por hecho determinada forma de pensar lleva a malentendidos y, en consecuencia, a mucho sufrimiento.

Maximización de lo negativo

Se produce cuando damos mucha más importancia a los detalles negativos que a los positivos. La realidad nunca es blanca o negra, siempre es gris, es decir, que por estadística no nos puede ocurrir todo lo malo. Podemos estar ante una situación muy difícil, pero siempre existen cosas positivas. En este sesgo damos mucho más peso a las cosas malas.

Por ejemplo, tras recibir la nota de un examen piensas: «He sacado un 9.8 en el examen. Es horrible, no sé cómo he podido ser tan tonto de fallar una pregunta. Si sigo así dejo la carrera».

Tenemos una capacidad enorme para habituarnos a las emociones positivas, mientras que somos más sensibles a las negativas. Por ello, enseguida nos acostumbramos a lo bueno y perdemos la perspectiva dando demasiada importancia a lo malo.

Es importante dar la importancia que se merecen a los sucesos negativos que nos ocurren. Muchas veces nos obsesionamos con un árbol y perdemos de vista el bosque. Hay que ampliar el enfoque y ver nuestra vida con perspectiva. Los problemas son parte de nuestra existencia, pero la gran mayoría de ellos es fácil de solucionar. Dar demasiada importancia a estos eventos hace que nuestro estado de ánimo baje y nuestra ansiedad se dispare.

Minimización de lo positivo

Generalmente acompaña a la anterior distorsión. Consiste en restar importancia a las cosas buenas que tiene una situación, centrándonos en la parte mala, como cuando piensas: «Tener trabajo, hijos saludables, una pareja perfecta y una casa preciosa es lo normal... Pero es horrible tener que trabajar los sábados por la mañana».

Si te fijas en tu día a día, tienes muchísimas comodidades a las cuales apenas das importancia. Por ejemplo, nos bañamos todos los días con agua caliente y no lo valoramos. Solamente reaccionamos de forma positiva cuando por cualquier circunstancia no hemos tenido acceso a este tipo lujos. Es importante dar a los sucesos positivos el valor que se merecen. En general, los que hemos nacido en Occidente llevamos una vida muy fácil comparada con los seres humanos que viven en otras partes del mundo. Es importante mostrarnos agradecidos por ello y valorar lo que tenemos.

Una de las técnicas opcionales de este libro es precisamente el agradecimiento que combate directamente este tipo de sesgo. Te recomiendo que la utilices frecuentemente.

Pensamiento dicotómico

Es la tendencia a clasificar la realidad como buena o mala. Dar puntuaciones de diez o de cero, pensar que todo se reduce a blanco o negro, sin darnos cuenta de que nuestra vida está llena de matices y que rara vez las cosas son tan malas o tan buenas.

Imagina que ante un examen piensas: «Si no apruebo, es que no sirvo para ser licenciado». La realidad es muy compleja para reducirla a dos opciones contrapuestas. En general, los sucesos de la vida no son blancos o negros. Son grises. Incluso la situación más complicada tiene partes positivas, y el contexto más favorable tiene partes negativas. Por ello es recomendable no hacer este tipo de clasificaciones mentales. Si caemos en este sesgo, no estaremos siendo objetivos y sufriremos mucho por ello. Este tipo de pensamientos favorece la rigidez mental. Nos dificulta la adaptación de una forma más que evidente. Al final, si mantenemos este tipo de creencias, nos vamos a dar de bruces con la vida una vez tras otra.

Perfeccionismo

Consiste en establecer un criterio muy elevado sobre las actuaciones propias o las de los demás y tomarlo como medida normal de actuación. En ocasiones nos ponemos a nosotros mismos o a los demás objetivos que son muy difíciles de conseguir y nos frustramos si no somos o no son capaces de llegar a ellos.

Supón que te matriculas en la carrera y tus pensamientos son del tipo: «Mi obligación es sacar en todo mención honorífica». Está fenomenal tener expectativas altas y criterios exigentes, pero sin pasarnos. Tenemos que dejar margen para el error. No controlamos el cien por ciento de nuestro ambiente y por ello no podemos sentirnos responsables por cuestiones que escapan a nuestro control.

En general, las personas demasiado perfeccionistas viven en una ansiedad constante. Ven frecuentemente frustradas sus expectativas, ya que se exigen demasiado. Los humanos solemos sobreestimar nuestra capacidad de trabajo a corto plazo e infravalorarla a largo plazo. Por ejemplo, es muy fácil pensar que seremos capaces de escribir un capítulo de un libro en una tarde, pero después nos damos cuenta de que es tremendamente difícil. Por el contrario, pocas personas se ven capaces de terminar un libro, pero con constancia todo el mundo puede hacerlo.

Sobregeneralización

Tiene lugar cuando nos fijamos en un detalle de nuestra vida y lo generalizamos a todos los escenarios posibles. Es el efecto «bola de nieve»: nos fijamos en una característica negativa de la situación y mentalmente teñimos toda nuestra realidad con esa característica.

Este tipo de sesgo se manifiesta en pensamientos del tipo: «Me ha dejado mi novia, mi vida entera se desmorona»; «No he cumplido los objetivos en el trabajo, no sirvo para nada»; «Me he dormido y he llegado tarde, soy un irresponsable».

Un pensamiento automático negativo nos puede generar una emoción de ansiedad o tristeza y enseguida comenzar a hacer razonamientos emocionales. Podemos empezar a enganchar este tipo de pensamientos y sacar conclusiones erróneas. Es muy fácil caer por esta cascada de pensamiento si nos dejamos llevar por el flujo mental. Cuando entramos en este tipo de razonamiento es difícil darse cuenta del error que estamos cometiendo. Pero cuando volvemos a analizar la situación con más perspectiva solemos ser conscientes de las barbaridades que hemos pensado.

Como ya te he explicado, el mundo real no encaja al cien por ciento con nuestras interpretaciones. Por ejemplo, si te pido que pienses en la catedral de la última ciudad que visitaste, seguramente tengas una imagen mental de esta, pero no se corresponderá del todo con una fotografía.

Al final nuestra forma de interpretar la realidad es el equivalente al mapa de una ciudad. Si conseguimos uno bueno, nos manejaremos bien; seguramente tendremos que parar a preguntar a veces, pero conseguiremos llegar a nuestro destino sin demasiados problemas. Cuando guiamos nuestras actuaciones en función de sesgos cognitivos o pensamientos automáticos negativos es como si utilizáramos un plano de otra ciudad para manejarnos en la que estamos. Puede que en las dos haya un río y una plaza céntrica, pero cometeremos muchísimos más errores si no disponemos de la guía adecuada.

Como observación final, antes de pasar a la parte práctica, me gustaría contarte una metáfora para que entiendas cómo funcionan los pensamientos automáticos negativos.

Imagínate que has preparado un viaje con cuatro amigos o amigas más. Se reúnen y deciden que van a viajar en tu coche, porque es el más cómodo de todos. Llega el día y tras pasar a buscarlos a todos ellos y cargar el equipaje empiezas a conducir. Cuando llevas diez minutos, el copiloto comienza a decir que deberías ir mucho más deprisa, que así nunca van a llegar y tú decides hacer caso y aceleras. El amigo que viaja sentado justo detrás de ti dice que para él vas demasiado rápido, que por favor aflojes un poco. Instantáneamente, pisas el freno para desacelerar. Pero el copiloto pronto empieza a protestar de nuevo. El amigo número tres, sentado atrás, entre el número dos y el número cuatro te dice que eres un conductor pésimo, que si hubiera sabido no viene de viaje. Mientras, el último amigo, te dice que por favor quites la música, que le molesta mucho.

Son un montón de mensajes que te llegan a la vez, algunos de ellos tremendamente negativos, otros contradictorios entre sí, pero al final el que tiene el control del coche sigues siendo tú. Tú puedes tomar la decisión de hacia dónde ir, qué velocidad llevar, la música que quieres poner y cuándo parar. El pensamiento actúa de la misma manera, aunque nos vengan un montón de imágenes y pensamientos a la cabeza, somos capaces de tomar nuestra dirección.

Si una mañana te levantas y tu pensamiento es: «Hoy no me apetece hacer nada», tú puedes decidir vestirte e irte a caminar un rato por el monte. Es tu decisión, los pensamientos son solo pensamientos. Tú tienes el control. No lo olvides.

Ejercicios prácticos

Reglas básicas

Es importante que apuntes en un papel tus pensamientos y hagas el ejercicio tal como te pido. Parte de él es transformar un proceso automático en un proceso controlado, por ello es necesario que tomes conciencia de lo que estás pensando.

Para llevar a cabo este pensamiento deberías llevar una semana planificando actividades agradables. Si es así, adelante. Si no, vuelve a leer el capítulo anterior. Es imprescindible que te actives antes de llevar a cabo el siguiente ejercicio. Si ya estás planificando actividades agradables, puedes empezar.

Empecemos a tomar conciencia de cómo interpretamos el mundo que nos rodea. Copia en un papel horizontal la tabla 9. Deberías llevarla siempre encima, ya que está demostrado que cuanto menos tiempo pase entre la situación objetivo y el momento de apuntar, menos olvidos habrá. A continuación, tienes un ejemplo de cómo debería quedar reflejado un episodio.

Tabla 9. Modelo de registro de situaciones y pensamientos y emociones experimentados

Situación (¿Dónde estás? ¿Con quién estás? ¿Qué ha ocurrido?)	Pensamiento (¿Qué te pasa por la cabeza en ese momento?)	Emoción (0-10) (Escribe la emoción que sientes y valórala de 0 [«Ninguna emoción»] a 10 [«es la vez en toda mi vida que más intensamente he experimentado esta emoción»])
En casa, solo, se me cae el café cuando me dispongo a beberlo.	Qué catástrofe, soy un inútil.	Tristeza: 8

Verás que, si haces este ejercicio durante varios días, las situaciones que te provocan pensamientos automáticos negativos son las mismas o bastante parecidas. Tomar esto como rutina te ayudará a enfrentarte de forma diferente a aquello que te hace sufrir. Al final lo importante no son los problemas, sino la actitud que tomamos ante ellos.

Ahora tú. Quiero que cuando te encuentres especialmente triste, nervioso o enfadado rellenes el siguiente registro.

Situación (¿Dónde estás? ¿Con quién estás? ¿Qué ha ocurrido?)	Pensamiento (¿Qué te pasa por la cabeza en este momento?)	Emoción (0-10) (Escribe la emoción que sientes y valórala de 0 [«Ninguna emoción»] a 10 [«Es la vez en toda mi vida que más intensamente he experimentado esta emoción»])

Semana 5

Ya llevas una semana registrando tus cogniciones. Vamos a dar un paso más en el análisis del pensamiento. Quiero que indiques qué distorsiones del pensamiento están apareciendo (las tienes descritas en el apartado anterior). Te dejo el mismo ejemplo de la semana pasada para que veas cómo se hace. Puedes rellenar este nuevo apartado al llegar a casa, para que no tengas que cargar con el libro siempre, pero los otros tres apartados sí quiero que los rellenes en cuanto se produzca la situación.

Pronto notarás que las distorsiones casi siempre son las mismas. Este ejercicio te ayudará a tomar conciencia de cuáles son los errores de pensamiento más comunes en tu día a día.

Pronto, con la información que voy a presentarte en el próximo capítulo, serás capaz de modificar los pensamientos y pronto automatizarás el proceso.

Si repites este ejercicio te conocerás mejor y serás capaz de cambiar tu forma de pensar de manera casi instantánea.

Tabla 10. Modelo de registro de distorsiones cognitivas

Situación (¿Dónde estás? ¿Con quién estás? ¿Qué ha ocurrido?)	Pensamiento (¿Qué te pasa por la cabeza en ese momento?)	Emoción (0-10) (Escribe la emoción que sientes y valórala de 0 [«Ninguna emoción»] a 10 [«Es la vez en toda mi vida que más intensamente he experimentado esta emoción»])	Distorsiones cognitivas que aparecen
En casa, solo, se me cae el café cuando me dispongo a beberlo.	Qué catástrofe, soy un inútil.	Tristeza: 8	Catastrofización + etiquetamiento

Te dejo el registro para que lo copies en un papel horizontal.

Situación (¿Dónde estás? ¿Con quién estás? ¿Qué ha ocurrido?)	Pensamiento (¿Qué te pasa por la cabeza en ese momento?)	Emoción (0-10) (Escribe la emoción que sientes y valórala de 0 [«Ninguna emoción»] a 10 [«Es la vez en toda mi vida que más intensamente he experimentado esta emoción»])	Distorsiones cognitivas que aparecen

Técnica opcional 2. Amabilidad

Seguramente te sonará raro que una técnica se dedique a fomentar la amabilidad. Te preguntarás cómo va a influir ser amable en tu estado de ánimo.

Voy a pedirte un ejercicio de reflexión. Piensa en la última vez que hiciste algo por alguien. ¿Cómo te sentiste? Seguramente, una sensación de bienestar inundó tu cuerpo.

Hay personas a las que les cuesta bastante poco ir haciendo actos altruistas por el mundo. Ayudan a los demás sin esperar nada a cambio. En general, a todos nos gusta hacerlo, pero hay veces que la vergüenza nos paraliza y no nos deja dar rienda suelta a la amabilidad. No pasa nada, simplemente es cuestión de proponérselo.

Como te he contado, a mí, cuando era más joven, me costaba especialmente hablar con desconocidos. Por ello, durante la carrera, me esforcé en superarlo poco a poco. Me obligaba a hablar cada día con personas nuevas hasta que poco a poco dejé de sentir ansiedad en estas situaciones. Te confieso que le empecé a encontrar el gusto a ayudar a completos desconocidos. Incluso muchos días le compraba un sándwich a alguien que pedía en la calle o intentaba ayudar a señoras a cruzar la acera.

Mis pensamientos antes de ejecutar la conducta amable eran catastrofistas. Anticipaba que la persona me diría que no necesitaba mi ayuda y me pondría mala cara. Pero nunca sucedió esto. Siempre que he hecho algo de esto he recibido una respuesta de agradecimiento.

Durante los últimos años, una rama de la psicología se ha preocupado por las emociones positivas. Durante mucho tiempo fueron las grandes olvidadas. Los estudios se centraban en personas con trastornos y las emociones de ansiedad y tristeza recibían toda la atención de los científicos.

Con el desarrollo de la psicología positiva se ha puesto énfasis en la otra cara de la moneda. Los estudios han demostrado que ejercer la amabilidad es una de las conductas clave para mejorar nuestro bienestar.

Por ello he decidido incluir aquí esta técnica. No quiero que este libro se centre en ayudar solamente a gestionar la tristeza, sino que pretendo que también sirva para mejorar el grado de bienestar general.

Vamos a promocionar una virtud que todos tenemos, pero que en general practicamos menos de lo que deberíamos. Estoy hablando precisamente de la técnica que te presento, de la amabilidad. Ser amable no solo es bueno para el que recibe la conducta, sino para el que la emite.

La amabilidad es una de las virtudes que engrandecen al ser humano. Es una virtud que contribuye a un mundo mejor, que nos hace ser conscientes de las emociones de los demás, nos ayuda a empatizar y genera dosis de bienestar muy altas.

Como te contaba en el capítulo anterior, los humanos somos seres sociales, por lo que necesitamos de nuestros iguales para sobrevivir y tener equilibrio emocional. La amabilidad fomenta que los lazos sean más estrechos y fuertes.

Según muestran los estudios, las personas más felices también son en general más amables, pasan más tiempo ayudando a los demás de forma altruista y curiosamente son más eficientes y productivas en su trabajo.

Ser amable te ayuda a percibir a los demás de forma positiva, aumenta la sensación de pertenencia a la comunidad, disminuye la culpa y el malestar, hace que nos sintamos privilegiados, mejora nuestra autoestima y nuestro autoconcepto y desencadena consecuencias positivas.

Desde hace algún tiempo, la psicología positiva ha llevado al laboratorio la amabilidad para comprobar los efectos en el bienestar de forma empírica.

Un estudio pionero en el que se pedía a los participantes que hiciesen cinco actos amables a la semana demostró que los efectos en el bienestar por practicar este hábito se disipaban si se llevaba a cabo la actividad todos los días. Parece que el cerebro se acostumbraba y dejaba de responder con bienestar. Esto es lo que se llama *adaptación hedonista*. Los seres humanos nos habituamos con más rapidez a las emociones positivas que a las negativas.

No ocurría lo mismo si se elegía un día a la semana para ser amable. Los niveles de bienestar subían entonces considerablemente y, además, se mantenían estables a largo plazo. Espaciando en el tiempo la práctica de esta técnica, parece que el efecto de adaptación se disipa y los niveles de bienestar se mantienen.

Lo bueno de la amabilidad es que no hace falta ni mucho tiempo, ni talento ni tener ninguna habilidad especial. Simplemente hace falta tener los ojos bien abiertos. Hay cientos de oportunidades todos los días.

Además, cuando alguien hace algo amable, el receptor del acto tiene muchas más probabilidades de emitir una conducta del mismo tipo en los minutos siguientes. Es decir, tenemos el poder de generar «cadenas de amabilidad». No nos guardemos para nosotros ese inmenso poder, contribuyamos a un mundo mejor.

Recuerdo un día en el que ayudé a una señora a cruzar la calle. La pobre tenía muchas dificultades para caminar y el paso de cebra en el que se encontraba no tenía semáforo. Por ello decidí preguntarle si necesitaba ayuda y agradecida me dijo que sí. Pues bien, nada más cruzar la calle, había un chico pidiendo limosna en la puerta de un supermercado. La señora al verlo se paró para darle una moneda. Es una situación que a lo mejor puede ser muy común, pero a mí se me ha quedado grabada precisamente porque ese día venía de la facultad y había leído un artículo relacionado con este proceso.

Los actos amables pueden ser desde ayudar a alguien a llevar el mandado o a cruzar la calle, hasta dedicar cuarenta horas semanales a voluntariado. Tú pones la medida en función de tu disponibilidad y lo cómodo que te encuentres con esta técnica. Hay personas que dedican su vida entera a esta causa y otras que con quince minutos semanales tienen suficiente.

Lo ideal es que concentremos nuestros actos de amabilidad en un día a la semana. Como hemos dicho, no hace falta que sean grandes proezas, puedes elegir tres o cuatro actos pequeños o uno de mayor magnitud. Sé que puede sonar un poco artificial, y sin duda lo es, pero la ciencia es la ciencia y la evidencia nos indica que de esta manera evitamos el proceso de adaptación hedonista.

Con ello, no quiero decir que si has decidido que el sábado será el día que dedicarás tiempo a ser más amable y es jueves, y tienes una oportunidad de serlo, dejes de hacerlo. Claro que no. Ante todo, sentido común.

El primer paso es elegir la actividad, y su frecuencia y duración. Ten en cuenta que, si haces poco, no notarás un mayor bienestar y, si haces demasiado, lo sentirás como una carga y será fuente de estrés.

Para evitar que nuestro cerebro se acostumbre y deje de incrementar nuestro bienestar, es bueno variar los actos y evitar caer en la rutina. Hace falta ser creativo y cierto esfuerzo, pero los efectos son mayores y más duraderos con el tiempo.

Voy a darte ideas... Estos son los cinco actos amables que realicé la primera vez que hice de forma consciente esta actividad. A ver si consigo inspirarte...

Tabla 11. Modelo de registro de actos amables

Fecha: 14 de mayo de 2010
Ayudar con las bolsas de las compras a una señora.
Donar diez euros a una ONG.
Regalar un disco a un amigo.
Colaborar en un acto benéfico.
Dejar propina en un restorán.

Todo eso lo conseguí hacer en un solo día. Así que si yo lo hice, tú no tienes excusa para no intentarlo. Al final no pasa nada si no consigues llegar a cinco, lo importante es la disposición. Anímate a programar para hoy mismo cuatro o cinco pequeños actos o un gran acto de amabilidad. Concéntrate en el incremento de felicidad que sientes.

Si adoptas este hábito, verás que es una gran fuente de bienestar. No lo aplaces más. Planifica hoy mismo el día que vas a dedicar a esta causa.

Tabla 12. Registro de actos amables

Fecha:	....
....	
....	
....	
....	
....	
....	

Curiosidades científicas

Con el desarrollo de la tecnología, hemos conseguido realizar experimentos cada vez más precisos. La neurociencia se ha beneficiado tremendamente de estos avances.

Desde hace años la ciencia se ha enfocado en los procesos químicos del cerebro y su influencia en las emociones. En el caso de la tristeza y la depresión, hay varios neurotransmisores implicados. Los neurotransmisores son pequeñas moléculas que producen las neuronas para comunicarse información unas a otras. Están relacionados con la sinapsis neuronal, un proceso por el cual se transmite el impulso nervioso entre neuronas.

Los principales fármacos que se han desarrollado para el tratamiento de la depresión afectan la acción de estos neurotransmisores. Vamos a ver los tres más importantes.

El primero de ellos es la serotonina, que ya nombrábamos en el capítulo anterior. Este neurotransmisor afecta directamente a nuestra conducta, a nuestra actividad sexual, a la apreciación del dolor, a las funciones cardíacas y a los ritmos de sueño y vigilia.

Los fármacos desarrollados en los últimos años, los inhibidores selectivos de la receptación de la serotonina (ISRS) hacen que este fármaco permanezca más tiempo en la hendidura postsináptica, por lo que mantienen activadas durante más tiempo determinadas zonas del cerebro.

El segundo de ellos es la noradrenalina. Es generada en el *locus coeruleus* y en el campo tegmental lateral. Estas zonas tienen conexiones directas con el sistema límbico y la corteza prefrontal, zonas implicadas en la regulación emocional. Este neurotransmisor es segregado ante episodios de estrés. Es el encargado de acelerar el organismo para sobrevivir. El problema es que cuando estamos demasiado tiempo estresados o activados, las reservas de este neurotransmisor bajan considerablemente. Por ello aparecen síntomas en la depresión relacionados con el cansancio y la poca actividad.

La carencia de noradrenalina o el desequilibrio con los niveles de serotonina están relacionados con psicosis depresivas, una forma muy grave de trastorno del estado de ánimo.

Por último, la dopamina es un neurotransmisor relacionado con la función motriz (en la enfermedad de Parkinson se degeneran las neuronas encargadas de su síntesis) y la iniciativa. Esta sustancia es segregada en el *locus niger*, que tiene conexiones entre la sustancia negra y el núcleo estriado.

Según las teorías psiquiátricas de la depresión, la interacción de estas sustancias es la responsable de los síntomas depresivos. Por supuesto, existen formas naturales de modificar los niveles de estos neurotransmisores, por ejemplo, con las técnicas que te estoy presentando en este libro.

Si te apetece profundizar en este tema, puedes consultar el artículo «Bases neuroquímicas y neuroanatómicas de la depresión», de Leyla Guadarrama, Alfonso Escobar Izquierdo y Limei Zhang.*

* *Revista de la Facultad de Medicina*, UNAM, 49 (2), 2006, págs. 66-72.

4

CAMBIAR LOS PENSAMIENTOS AUTOMÁTICOS NEGATIVOS

> Si no actúas como piensas, vas a terminar pensando como actúas.
>
> BLAISE PASCAL

Como ya hemos visto en capítulos anteriores, el ser humano no interpreta la realidad de forma fidedigna al cien por ciento. Siempre tiene un mapa mental de esta que puede estar sesgado.

Este mapa va cambiando de forma dinámica. Las experiencias que vivimos, las situaciones nuevas a las que nos enfrentamos o incluso las conversaciones con otras personas pueden modificar nuestra manera de ver el mundo. Es la forma natural de actuar de nuestro cerebro. Después de todo, el pensamiento y las emociones surgieron en un momento de la evolución para ayudarnos a adaptarnos a nuestro medio. No tendría sentido que en un mundo tan cambiante como este nuestra forma de interpretar la realidad no fuese dinámica.

Por ejemplo, seguramente hace unos años no te planteabas mantener conversaciones con personas que están al otro lado del mundo y hoy es algo relativamente normal. Nuestras creencias han cambiado. Y lo han hecho porque la realidad nos ha demostrado que es posible.

Imagínate que llevas viviendo veinticinco años aislado en un pueblo sin acceso a la tecnología. Seguramente tu forma de ver la vida, en este sentido, no habría cambiado. No habrías tenido la oportunidad de ver que hablar por videoconferencia con una persona que se encuentra en Nueva Zelanda es posible, por lo que creerías que no se puede llevar a cabo.

Con los pensamientos automáticos negativos ocurre algo similar. Si nos mantenemos en nuestra burbuja, creyéndonos a pies juntillas lo que pensamos, nunca vamos a enfrentarnos a las situaciones que nos demuestren lo contrario. Por ejemplo, si creyera que soy un pésimo escritor y que lo que escribo no le va a gustar a nadie, es muy probable que jamás hubiera empezado este libro, por lo que seguiría pensando lo mismo.

Tenemos la capacidad de cambiar la forma en la que vemos la realidad. Podemos adoptar una visión que nos haga menos daño y se adapte mejor a la realidad. ¿Por qué no hacerlo?

Si estás siguiendo mis instrucciones, deberías llevar dos semanas apuntando los pensamientos de las situaciones en las que te sientes peor. Si no lo has hecho, vuelve ahora mismo atrás y empieza a practicar. No se puede empezar la casa por el tejado.

Si has estado las dos semanas detectando y analizando tus tendencias de pensamiento, ¡felicidades! Estás en el camino correcto. En el presente capítulo vamos a aprender a analizar, cuestionar y cambiar los pensamientos que nos hacen sufrir. El esquema será el siguiente. Primero, detectamos el pensamiento; después, lo tomamos como hipótesis, es decir, no lo damos por cierto, asumimos que podemos estar equivocados en nuestra interpretación de la realidad. A continuación, lo pasamos por cuatro filtros para decidir si nuestra interpretación es objetiva o no, generamos un pensamiento alternativo que describa mejor la realidad y probamos nuestra nueva interpretación en el mundo real.

Si hacemos bien el proceso, el nivel de emoción que sentiremos será menor que al principio. Veamos un ejemplo.

Juan, tras una ruptura con su pareja, con la cual llevaba diez años, piensa lo siguiente: «No voy a poder vivir sin ella». Evidentemente, la emoción que siente es de profunda tristeza y desesperación. Tras hacer una tarea de cambio de pensamiento, pensaba lo siguiente: «Se está haciendo muy difícil la ruptura; no obstante, claro que puedo seguir adelante, antes de conocerla era capaz de ser feliz, así que, aunque me cueste, me voy a esforzar para ponerme bien». Este tipo de pensamiento se adecúa mucho más a la realidad que el primero y seguramente el sentimiento que tiene Juan tras pensar esto es de tristeza, pero con mucha menos intensidad. Además, este pensamiento le orienta a la acción, a ponerse manos a la obra para salir adelante. Se trata de un *pensamiento adaptativo*.

El proceso que ha hecho Juan es el que quiero que tú seas capaz de realizar cuando termines de leer este capítulo. Como en anteriores capítulos, te va a exigir trabajo, pero ya sabes, quien algo quiere algo le cuesta.

El primer paso ya lo sabes hacer, es detectar el pensamiento. Así que cuando lo tengas agarrado y atado, lo sometes a un análisis exhaustivo de los siguientes aspectos.

El siguiente paso será pasar el pensamiento por los filtros de *evidencia a favor del pensamiento, intensidad de la emoción, utilidad* y *forma del pensamiento*. Una vez analizado y discutido procede a crear un pensamiento alternativo que cumpla los criterios anteriores. Observa la figura 10 y lo entenderás mejor.

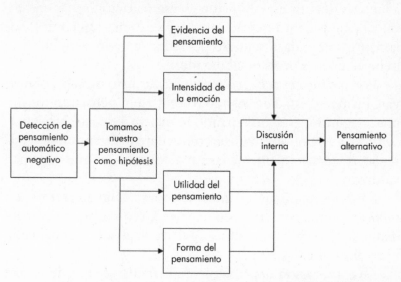

Figura 10. Creación de un pensamiento alternativo.

Volvamos con nuestro amigo Miguel, el abogado. Si te acuerdas lo dejamos pensando lo siguiente: una mañana tras abrir el correo del trabajo, ve que ha recibido un *e-mail* de un compañero. En él, su compañero le pregunta qué tal está y le desea una pronta recuperación. Miguel enseguida empieza a pensar que de seguro sus compañeros se están burlando de él porque está deprimido. Se enfada muchísimo y se dice a sí mismo que jamás volverá a confiar en ninguno de ellos. Piensa que, a pesar de todo lo que les ha dado durante todo este tiempo, lo valoran poco. Se ve a sí mismo solo en la oficina, sin hablar con nadie. Este pensamiento le genera una emoción de tristeza muy intensa.

Vamos a pasar los cuatro filtros al pensamiento de Miguel.

Si te das cuenta, Miguel no cuenta con ninguna evidencia para pensar que se están burlando de él. No cuenta con datos objetivos, no dispone de fotografías ni grabaciones en las que se perciba a sus compañeros burlándose de él.

La intensidad de la emoción es demasiado alta para la situación que vive en ese momento. Está en casa y siente niveles de ira y de tristeza muy intensos. No tiene ningún sentido adaptativo sentir esta emoción en esa situación.

El pensamiento que adopta Miguel es muy poco útil. Solamente lo ayuda a sentirse peor. Es sesgado y rígido. No tiene en cuenta otras posibilidades.

Por último, está cayendo en varias distorsiones cognitivas. Primero, está adivinando lo que están pensando los demás. Segundo, está anticipando lo que va a ocurrir y generalizando a todos los demás compañeros. Después sesga la realidad viendo solamente las situaciones en las que no lo han valorado.

Después de unas cuantas sesiones, Miguel recibió un mensaje similar de otro compañero. Como sabía utilizar las técnicas de reestructuración cognitiva llegó a una conclusión muy diferente.

En esta ocasión su pensamiento fue: «Parece que de verdad están preocupados por mí. Durante este tiempo he estado pensando que no era así, que no me valoraban, pero puede que en el fondo me aprecien». Para no quedarse en la interpretación, lo animé a que intentara encontrarse con esta persona para confirmar si su interpretación era correcta. Respondió al mensaje proponiendo tomar un café en un sitio tranquilo. Su compañero le dijo que sí, que por supuesto. A los pocos días se vieron y tuvieron una conversación agradable en la que Miguel confirmó no solo que de verdad este amigo se preocupaba por él, sino que todos los demás también lo hacían. Esta experiencia supuso un antes y un después en la recuperación de Miguel. Se dio cuenta de que el mundo no era el que él se estaba creando en su cabeza. Empezó a ver el lado bueno de la vida y comenzó a sentirse cada vez mejor.

¿Quieres que empecemos a aprender todo el proceso de cambio de pensamiento? ¡Vamos a ello!

Tomar nuestros pensamientos como hipótesis

Lo primero que tenemos que hacer es no dar por hecho que lo que pensamos es verdad. Ya comentamos en el capítulo anterior que la realidad y el pensamiento son independientes. Es decir, que aunque yo piense que el avión en el que voy volando se va a caer ahora mismo, las posibilidades de que en realidad suceda son las mismas que si no lo pienso.

Por ello, lo primero, es no dar por hecho que lo que pensamos es verdad. Te habrás dado cuenta de que muchas veces la realidad echa abajo nuestros pensamientos. Lo que creíamos se disuelve ante un golpe de realidad. Entonces vamos a intentar ser más flexibles.

Si te cuesta mucho y sigues creyendo que lo que piensas va unido a la realidad, podemos hacer varios experimentos para que veas que no es verdad.

—*Experimento número 1.* Compra un boleto de lotería y piensa durante una semana que te la vas a sacar. Si te

123

toca, dejo la psicología (tiene que tocarles a todos los que hagan el experimento, y si lo hacen muchos es probable que a alguno le toque).

—*Experimento número 2.* Ponte delante del espejo y piensa cien veces que te va a salir un grano o que te va a sangrar la nariz. Una vez más, si lo consigues, dejo la psicología.

—*Experimento número 3.* Mira a una persona por la calle y piensa con todas las fuerzas que puedas que se va a caer. De nuevo, si se cae, dejo la psicología.

Si consigues dominar la realidad con tu pensamiento, ve a la tele y demuéstralo, porque eres el primero en la historia en conseguirlo. Si, como yo, no lo consigues, empieza a tomar tus pensamientos como lo que son, interpretaciones, no realidades.

En los últimos años me he encontrado con muchas corrientes del bienestar que afirman totalmente lo contrario a este postulado. Señalan que puedes atraer lo que quieras con solamente pensarlo. Desgraciadamente, no es así. Si quieres ser médico y no te pones a estudiar, por mucho que lo pienses no vas a conseguirlo. Otra cosa es mantener la esperanza, ver el lado bueno de las cosas y emprender la acción; si haces eso, estoy totalmente de acuerdo en que tienes más posibilidades de conseguir un objetivo concreto. Pero no solamente por haberlo pensado, sino por haber enlazado un número determinado de conductas que te llevan a conseguir progresivamente unas metas específicas.

Evidencia a favor del pensamiento

El segundo paso es analizar las pruebas a favor y en contra de nuestra forma de interpretar la realidad. Para ello, tenemos que ponernos muy serios y pensar como si fuésemos científicos. Es decir, debemos tener datos tangibles que demuestren que lo que estamos pensando es verdad. No nos valen suposiciones, predicciones, creencias ni nada de este tipo. Queremos evidencias.

Algo que te puede ayudar es lo siguiente. Copia la tabla 13 en un papel y complétala con los argumentos que se te vayan ocurriendo. Cuando ya no se te ocurran más, repasa las evidencias a favor, una por una, haciéndote la siguiente pregunta: «¿De verdad esta evidencia demuestra mi pensamiento?». De no ser así, intenta matizarla cuanto te sea posible.

Tabla 13. Registro de evidencias a favor o en contra de un pensamiento

Evidencias a favor	Evidencias en contra
....	....
....	....
....	....
....	....

Como siempre, un ejemplo. Tomemos el siguiente pensamiento: «No les importo a mis amigos».

Tabla 14. Modelo de registro de evidencias a favor o en contra de un pensamiento

Evidencia a favor	Evidencia en contra
— Ayer no me llamaron. — Últimamente me reúno menos con ellos.	— Siempre me han apoyado. — En momentos difíciles he podido contar con ellos. — Antes de ayer, uno de ellos me llamó para preguntarme si quería unirme a un plan.

Como puedes observar, tenemos argumentos en los dos bandos. Procedamos con el segundo paso: vamos a ver si los argumentos que hemos dado a favor del pensamiento demuestran verdaderamente lo que estamos pensando.

- — «Ayer no me llamaron.» ¿Demuestra eso que no les importo? Es decir, ¿todas las personas a las que les importo deberían haberme llamado ayer? Evidentemente, no. Que no me llamaran ayer no es razón suficiente para pensar que no les importo. Podría matizar este argumento cambiándolo por un «Ayer me hubiese gustado que me llamaran, pero no lo hicieron, aunque tampoco lo hice yo». Vamos con la segunda evidencia...
- — «Últimamente me reúno menos con ellos.» ¿Significa que no les importo? Probablemente, no. Seguramente habrá un montón de razones mejores para explicar que nos veamos menos.

Muchas veces, para fundamentar nuestro pensamiento automático negativo usamos otros pensamientos automáticos negativos. Podemos emplear este procedimiento igualmente en este caso. Por ejemplo, anotar como evidencia a favor argumentos como «siempre ha sido así». Este es otro pensamiento distorsionado, grande como un camión, así que le aplicamos el mismo filtro para ver que en realidad no *siempre* ha sido así, si no, no serían mis amigos.

Cuando yo me encontraba en mi peor momento, evidentemente tenía muchos pensamientos automáticos negativos. Recuerdo que un día, mientras estaba sentado en el sofá, pensaba: «Ya no soy lo que era, jamás volveré a ser feliz». Si te das cuenta, este tipo de pensamiento es pura dinamita para el bienestar. Claro que soy lo que era, tengo la misma carga genética que antes y he vivido lo mismo. Por supuesto, no tenía ninguna evidencia de que no pudiese volver a sentirme feliz alguna vez.

En ese momento era incapaz de ver que mis pensamientos estaban totalmente distorsionados, hasta que decidí seguir el plan de actuación, que después se convirtió en este libro, no tomé conciencia de lo que me estaba ocurriendo. Simplemente me dejaba hundir poco a poco.

ficulta llegar a mis metas? Lo que me hace sentir ¿me sirve para algo?

Hagamos una pequeña lista de ventajas y desventajas de adoptar este pensamiento. Si vemos que los contras son más que los pros, seguramente estaremos ante un pensamiento automático negativo. Copiemos la siguiente tabla en un papel.

Tabla 15. Valoración de la utilidad de un pensamiento

Ventajas de adoptar el pensamiento	Desventajas de adoptar el pensamiento
....	....
....	....
....	....
....	....
....	....

Sigamos con el ejemplo del pensamiento «No les importo a mis amigos».

Tabla 16. Modelo de valoración de la utilidad de un pensamiento

Ventajas de adoptar el pensamiento	Desventajas de adoptar el pensamiento
....	— Me siento triste, rabioso e impotente.
....	— No salgo con mis amigos.
....	— Me quedo toda la tarde en casa amargado.
....	— Me encuentro solo.
....	— Me encuentro más triste.

Por más vueltas que le doy, no consigo ver una ventaja a tomar como válido este pensamiento. Por el contrario, el número de desventajas es elevado. Evidentemente, se trata de un pensamiento automático negativo. Al final, volvemos a lo mismo, como el pensamiento no refleja al cien por ciento la realidad, es adaptativo para nosotros pensar de una manera que nos reporte beneficios. ¿De qué me sirve a mí pensar que soy el más torpe del mundo? Si evidentemente no es verdad, ese pensamiento lo único que me hace es daño.

Como con casi todo en esta vida, debemos valorar los pros y los contras de adoptar un pensamiento. Poco a poco te darás cuenta de que estar aferrado a un pensamiento que te limita, te paraliza y no te deja seguir con tu vida, no es en absoluto necesario.

Vuelvo con mi historia. En el momento más amargo que viví, empecé a pensar que era un mal profesional. Evidentemente, no tenía ninguna evidencia de ello y la intensidad de emoción que me provocaba este pensamiento era demasiado alta, pero ¿crees que era útil pensar eso? ¿Crees que me ayudaba a trabajar con mis pacientes? Para nada, me boicoteaba a mí mismo. Cuando alguien me confrontaba no le rebatía con el mismo entusiasmo que antes. Nunca bajé los brazos, pero de haber seguido en aquella situación seguramente habría caído.

Por ello, es de vital importancia evaluar la utilidad de un pensamiento, no sea que nos lleve a actuar de forma dañina para nosotros mismos.

Forma del pensamiento

Cuando evaluamos la forma del pensamiento, lo que estamos haciendo es ver si podemos encuadrar este pensamiento en algunas de las distorsiones cognitivas que vimos en el capítulo anterior. Si has seguido mis instrucciones, en la última semana ya lo habrás hecho.

No obstante, vamos a hacernos las siguientes preguntas para que la identificación de las distorsiones sea más clara.

1. ¿Estoy prestando atención solo a una parte de la realidad?
2. ¿Estoy adivinando el futuro?
3. ¿Estoy dando una importancia desmesurada a los hechos?
4. ¿Me estoy etiquetando a mí o a los demás con adjetivos poco apropiados?
5. ¿Estoy pensando en cómo deberían ser las cosas en vez de aceptarlas tal como son?
6. ¿Estoy sacando conclusiones apresuradas?
7. ¿Me estoy culpando por algo que no es en realidad culpa mía?
8. ¿Estoy adivinando lo que piensan otros?
9. ¿Estoy dando más importancia al lado negativo de la realidad?
10. ¿Estoy minimizando la importancia del lado positivo de la realidad?
11. ¿Estoy pensando en términos de «todo o nada», blanco o negro?
12. ¿Estoy estableciendo un criterio demasiado exigente para los demás o para mí?
13. ¿Estoy generalizando una situación al resto de los aspectos de la vida?

Como verás, estamos haciendo un repaso por los tipos de distorsiones más comunes. Puede ser que, en un pensamiento en concreto, algunas de estas preguntas no se adecúen para nada, pero ten en cuenta que te estoy enseñando a discutir y cambiar la totalidad de los pensamientos automáticos negativos.

Continuemos con nuestro ejemplo («No les importo a mis amigos») para ver si estamos cayendo en alguna de las distorsiones cognitivas.

Tabla 17. Identificar las distorsiones cognitivas

1. ¿Estoy prestando atención solo a una parte de la realidad?	Sí, solo me estoy fijando en el lado negativo de la situación.
2. ¿Estoy adivinando el futuro?	No se adecúa.
3. ¿Estoy dando una importancia desmesurada a los hechos?	Sí, por el hecho de enterarme de que van a reunirse, deduzco que no les importo.
4. ¿Me estoy etiquetando a mí o a los demás con adjetivos poco apropiados?	En este caso, no.
5. ¿Estoy pensando en cómo deberían ser las cosas en vez de aceptarlas tal como son?	No literalmente, pero si tirásemos del hilo del pensamiento seguramente saldrían cosas como «Si les importara me habrían llamado».
6. ¿Estoy sacando conclusiones apresuradas?	Sí, no tengo ninguna evidencia de que les haya dejado de importar.
7. ¿Me estoy culpando por algo que no es en realidad culpa mía?	No se adecúa.
8. ¿Estoy adivinando lo que piensan otros?	Sí.
9. ¿Estoy dando más importancia al lado negativo de la realidad?	Sí.
10. ¿Estoy minimizando la importancia del lado positivo de la realidad?	No literalmente, pero seguro que no doy el valor que se merecen a experiencias en las que ha quedado patente que a mis amigos les importo mucho.
11. ¿Estoy pensando en términos de todo o nada, blanco o negro?	Sí, estoy siendo radical. Me estoy yendo al lado más oscuro.
12. ¿Estoy estableciendo un criterio demasiado exigente para los demás o para mí?	No literalmente, pero seguramente haya pensamientos del tipo «Unos buenos amigos deberían llamarme siempre».
13. ¿Estoy generalizando una situación al resto de los aspectos de la vida?	Sí, estoy tomando una situación aislada y generalizándola a que no les importo para nada.

Vemos cómo este pensamiento tiene muchas distorsiones implícitas. Se trata de un pensamiento automático negativo.

Yo también tenía un montón de distorsiones cognitivas cuando me encontraba triste. Si te soy sincero, las que más daño me hacían eran adivinar lo que pensaban los demás y anticipar el futuro. Me metía en una espiral pensando que fracasaría en mi profesión, que tendría que ponerme a buscar trabajo de lo que fuera, mis familiares se decepcionarían y todo sería un desastre. Recuerdo que un día mis padres, cuando verbalicé mis pensamientos en alto, me dijeron: «Pero ¿tú te estás oyendo?». La verdad es que fue un golpe de realidad que me vino muy bien. Me hizo abrir los ojos, me ayudó a distanciarme del pensamiento y a empezar a pensar con perspectiva y de forma sana.

Discusión interna y búsqueda de pensamiento alternativo

Ya hemos pasado por los cuatro filtros el pensamiento que hemos detectado, es hora de decidir si se trata de un pensamiento automático negativo. Es probable que, si lo es, no contemos con ninguna evidencia para demostrar que es cierto, la intensidad de la emoción que nos provocará será alta, encontraremos poca utilidad en adoptarlo y se corresponderá con alguna de las distorsiones cognitivas que estudiamos en el capítulo anterior.

De ser así, es hora de buscar una alternativa de pensamiento más realista. Es decir, una forma de interpretar la realidad para la que tengamos cierta evidencia, que la intensidad de la emoción que nos haga sentir no sea demasiado alta y sea manejable, que nos sea útil para seguir avanzando y no se corresponda con ninguna de las distorsiones cognitivas estudiadas. Si se trata de una interpretación objetiva de la realidad, en el capítulo 6, sobre la solución de problemas, encontrarás respuestas a cómo afrontar la situación.

Para ayudarte en la búsqueda de este pensamiento puedes hacerte las siguientes preguntas:

1. ¿He tenido alguna experiencia que demuestre que este pensamiento no es siempre así?
2. ¿Otra persona habría reaccionado igual que yo?
3. ¿Qué le diría yo a un amigo o a una amiga en la misma situación si estuviese pensando lo que pienso yo?
4. Cuándo me pasaba esto antes, ¿cuál era mi pensamiento?
5. ¿Cómo veré esta situación dentro de diez años?
6. ¿He aprendido algo en situaciones similares que podría ayudarme ahora?
7. ¿Hay algo positivo en mí o en la situación que me estoy saltando?

Estas preguntas ayudan a relativizar nuestra primera interpretación y nos encaminan a la búsqueda de una interpretación más realista de la situación. Lo que estamos haciendo es pasar de un pensamiento automático negativo a un pensamiento adaptativo. Sí, esos que describíamos en el capítulo anterior.

Tabla 18. Generar un pensamiento alternativo

1. ¿He tenido alguna experiencia que demuestre que este pensamiento no es siempre así?	Sí; de hecho, nunca han dado ninguna señal de que no les importe.
2. ¿Otra persona habría reaccionado igual que yo?	Hubiera llamado para aclarar la situación sin darle mayor importancia.
3. ¿Qué le diría yo a un amigo o a una amiga en la misma situación si estuviera pensando lo que pienso yo?	No te preocupes, seguro que ha sido un malentendido.
4. Cuando me pasaba esto antes, ¿cuál era mi pensamiento?	Seguro que ha sido un malentendido. Voy a llamar yo.
5. ¿Cómo veré esta situación dentro de diez años?	Seguramente no le daré ninguna importancia.

6. ¿He aprendido algo en situaciones similares que podría ayudarme ahora?	Siempre que he necesitado la ayuda de mis amigos, ellos me han apoyado.
7. ¿Hay algo positivo en mí o en la situación que me estoy saltando?	Sí, son buenos amigos y nos conocemos desde hace años. Además, a mí ellos me importan y el hecho de que un día se me olvide llamarlos no significa que no me importen.
Pensamiento alternativo	Lo único que sé es que no me han llamado. Toda la evidencia apunta a que es un malentendido. Siempre han respondido cuando los he necesitado, así que voy a llamarlos para aclarar la situación.

Seguramente, si pensamos esto último, los niveles de tristeza, rabia y frustración serán muy inferiores a los de tristeza, rabia y frustración de pensar que a mis amigos no les importo. Esta nueva interpretación nos ayuda a dar el primer paso y comprobar que efectivamente estábamos equivocados.

Poco a poco te irás dando cuenta de que casi siempre son situaciones parecidas las que disparan los pensamientos automáticos negativos. Además, según vayas avanzando, te darás cuenta de que casi siempre actúan las mismas distorsiones cognitivas. Es normal, ya que después de todo, en algún momento de nuestra vida, esa forma de pensar fue adaptativa. Lo que ocurre es que en este momento ya no lo es.

El proceso de cambio de pensamiento es largo, pero como te decía antes, si registras del modo que te he indicado las cogniciones, verás que se repiten una y otra vez. Bastará que hagas unas cuantas veces este proceso que te estoy enseñando para automatizar el proceso.

Pronto serás capaz de detectar rápidamente un pensamiento automático negativo y cambiarlo apenas aparezca. Es cuestión de práctica.

Probar nuestra nueva interpretación

Ya tenemos una nueva forma de ver la realidad, pero para completar el proceso de cambio de pensamiento debemos comprobar que efectivamente esta nueva forma es cierta. Lo que haremos será planificar situaciones en las que antes aparecían pensamientos automáticos negativos e intentaremos reinterpretarlas. Si lo hemos hecho bien, posiblemente las emociones sean muy distintas a las que sentíamos antes. Te propongo que uses la siguiente tabla para planificar estos experimentos.

Tabla 19. Planificación de una nueva forma de pensamiento

Pensamiento automático negativo	....
Grado de creencia (0-100)	....
Pensamiento alternativo	....
Experimento	....
Predicción	....
Conclusión	....
Grado de creencia (0-100)	....

Conforme vayamos contrastando las nuevas formas de ver la realidad, nuestras interpretaciones irán cambiando. No basta con transformar el pensamiento, tenemos que ir más allá, tenemos que demostrarnos a nosotros mismos que los pensamientos alternativos son más realistas que los automáticos negativos.

Como siempre, seguimos con nuestro ejemplo.

Tabla 20. Modelo de planificación de una nueva forma de pensamiento

Pensamiento automático negativo	No les importo a mis amigos.
Grado de creencia (0-100)	100
Pensamiento alternativo	Lo único que sé es que no me han llamado. Toda la evidencia apunta a que es un malentendido. Siempre han respondido cuando los he necesitado, así que voy a llamarlos para aclarar la situación.
Experimento	Llamo a uno de ellos para ver qué ha pasado.
Resultado	Llamo a mi amigo Álvaro y me pide disculpas, ha sido un malentendido, de hecho, han contado conmigo para todo, simplemente se les ha olvidado llamarme.
Conclusión	Sí les importo, simplemente ha sido un malentendido.
Grado de creencia (0-100)	100

Esta es la parte más importante de todas. Si no contrastamos la nueva interpretación con la realidad, de nada nos va a servir el proceso anterior. Es de vital importancia que lo hagamos. Imagínate que estamos en una habitación, yo pienso que hay un monstruo horrible detrás de la puerta. Tú me convences de que eso no es posible y poco a poco voy cambiando mi pensamiento. Pues bien, hasta que no abra la puerta y compruebe que efectivamente no hay nada, seguramente me sienta intranquilo.

Siguiendo con mi historia, cuando pensaba que era un pésimo profesional y tomé conciencia de lo que estaba pensando, decidí hacer un pequeño experimento conductual. Diseñé una breve encuesta para dársela a algunos pacientes con los que ya había acabado la terapia. Simplemente, les preguntaba si les había ayudado, qué problemas tenían antes y cómo se encontraban ahora. Confieso que lo hice con mucho miedo. Anticipaba que la respuesta iba a ser pésima y que algunos ni siquiera rellenarían el cuestionario. Pues todo lo contrario, absolutamente todos me contestaron casi inmediatamente y te juro que aún se me saltan las lágrimas cuando recuerdo las palabras tan bonitas que me escribieron.

Si no hubiese dado ese paso, seguramente mi inseguridad habría ido a más. Pero el golpe en la cara con la realidad me hizo reaccionar y me ayudó a cambiar mi perspectiva.

Ejercicios prácticos

Semana 6

Me gustaría que reunieras todos los pensamientos que has ido apuntando las dos semanas anteriores y los sometieras al proceso de cambio de pensamientos, haciendo cada uno de los pasos. Al principio te parecerá complicado, pero poco a poco automatizarás el proceso hasta hacerlo sin darte cuenta.

Tabla 21. Registro de pensamientos automáticos negativos y pensamientos alternativos

Pensamiento automático negativo	Pensamiento alternativo

Semana 7

Quiero que sigas apuntando situaciones que te generan pensamientos automáticos negativos y que cambies la interpretación para ver la diferencia entre las emociones que nos hacen sentir o pensar de una forma o de otra.

Tabla 22. Registro de pensamientos y emociones

Situación	Pensamiento automático negativo	Emoción valorada subjetivamente del 0 al 10	Pensamiento alternativo	Emoción alternativa valorada subjetivamente del 0 al 10

Semana 8

Te habrás dado cuenta de que los pensamientos que aparecen en tus registros son casi siempre del mismo tipo. Es normal. Vamos a programar experimentos para probar nuestra nueva forma de interpretar estas situaciones.

Tabla 23. Programación de experimentos y pensamientos asociados

Pensamiento automático negativo	....
Grado de creencia (0 - 100)	....
Pensamiento alternativo	....
Experimento	....
Predicción	....
Conclusión	....
Grado de creencia (0-100)	....

Técnica opcional 3. Gratitud

La técnica opcional que he decidido presentarte en este capítulo, al igual que la técnica de amabilidad que te presenté en el anterior, provienen de la psicología positiva. Si te acuerdas, se trata de una corriente científica que se ha centrado en el desarrollo del bienestar.

Generalmente, nos olvidamos de la suerte que tenemos. Nos acostumbramos a la vida fácil que nos proporciona Occidente. Es cierto que en los últimos años hemos visto recortados muchos de nuestros derechos y probablemente nuestras condiciones de vida han empeorado, pero si nos comparamos con personas que viven en otras partes del mundo, somos tremendamente afortunados.

Compara tu día a día con el que vive una persona que reside en un país que está en guerra. Probablemente, esta perspectiva te ayude a relativizar los problemas que te surgen cotidianamente. Sin duda, si has tenido acceso a este libro, tendrás un techo bajo el cual pasar la noche, agua corriente en casa, acceso a alimentos, etcétera, y me juego el cuello a que tienes por lo menos un colchón donde dormir. Generalmente damos por hecho estas comodidades, pero la realidad es que una gran parte de la población mundial no las disfruta.

¿Te has ido alguna vez de campamento? Si lo has hecho, quizá recuerdes la sensación de volver a casa y darte un baño de agua caliente. Acomodarte en la cama y dormir plácidamente. Cuando dejamos de disfrutar de nuestros privilegios durante un periodo pequeño de tiempo, volvemos a valorar lo que tenemos. El ser humano tiene la capacidad de adaptarse a lo bueno de forma muy rápida.

Imagina que te suben el sueldo un 25 % a partir de hoy. La alegría que supone esto no es discutible, pero es verdad que a los pocos meses de ganar este dinero probablemente la emoción se vaya diluyendo poco a poco hasta que no te produzca alguna alegría. Supón ahora que llevas un año cobrando un 25 % más y tu jefe te dice que vas a volver a tu sueldo inicial. No solo no volverás a tu punto de partida de bienestar, sino que te produciría emociones negativas.

A este efecto se le llama *adaptación hedonista*. Es la capacidad del ser humano para habituarse ante estímulos positivos que se repiten en el tiempo. Para evitar este efecto, la psicología positiva ha llevado al laboratorio experimentos que evalúan los beneficios de adoptar una actitud de gratitud ante las cosas buenas que tenemos en la vida.

Por ejemplo, todavía recuerdo el primer lunes después de salir de la empresa en la que estaba. Por fin no me tocaba viajar a otra ciudad. Era la primera semana en años que no tenía que hacer doscientos kilómetros en coche para ir a trabajar. Recuerdo el placer que me dio tener esa sensación. Poco a poco, la sensación de bienestar se fue diluyendo. Me fui acostumbrando a no tener que levantarme a las cinco de la mañana y a los pocos meses las emociones positivas asociadas a esta situación casi desaparecieron.

Según los investigadores, dar las gracias es mirar el lado positivo de nuestra vida, de todo lo que tenemos y no valoramos, es disfrutar de todas estas cosas, es mantener una perspectiva de abundancia frente a otra de escasez. Como se suele decir en la calle, ver el vaso medio lleno y no medio vacío. Dar las gracias es no dar nada por sentado, no esperar nada, estar agradecido por cada evento positivo de nuestro día a día. Evitar la adaptación hedonista, revelarse ante la habituación a las cosas buenas. En resumen, es tener aprecio por la vida.

La práctica de esta actitud supone centrarse en el presente, mantener la atención en lo que está pasando aquí y ahora. El presente es lo único que tenemos, el pasado solo existe en nuestra memoria y el futuro, por definición, es inexistente. Esta capacidad permite apreciar la vida tal como es. Implica no luchar contra las circunstancias que no podemos cambiar y saber apreciar cada minuto.

Te confieso que por lo menos dos veces al mes intento mostrarme agradecido por no tener que viajar doscientos kilómetros para trabajar un lunes por la mañana. Cuando lo hago, la sensación de bienestar vuelve a mi cuerpo. Aunque es cierto que no es tan intensa como la primera semana que no me tocó conducir el coche a las cinco y media de la mañana.

Realizar esta actividad me ha permitido ralentizar el proceso de adaptación hedonista y seguir disfrutando de esa sensación tan placentera. La verdad es que suelo acordarme los domingos por la tarde. Y te confieso que me aflora media sonrisa.

Las ventajas de practicar la gratitud según los estudios son muchísimas. Las personas que la llevan a cabo son más felices, tienen más energía, son más optimistas, experimentan emociones positivas con más frecuencia, son más amables, más empáticas, más espirituales, más indulgentes y menos materialistas. A mayor gratitud, menos depresión, menos preocupaciones, menos miedo a la soledad —sobre todo, en personas mayores— y menos envidia.

El primer motivo para practicar la gratitud desde hoy mismo es que te ayudará a saborear al máximo las experiencias positivas que te brinda la vida. Conseguirás exprimir todo el jugo y obtendrás la mayor satisfacción posible. Por ejemplo, actividades tan triviales como darte un regaderazo de agua caliente por la mañana pueden llegar a ser tremendamente placenteras con la utilización de esta técnica. Es algo que llevas haciendo un montón de años en tu vida y que ha perdido la capacidad de emocionarte, pero si te muestras agradecido por tener disponible agua caliente, la sensación de bienestar vuelve.

En segundo lugar, empezarás a centrarte en la parte buena de las cosas. Es como un cambio de gafas graduadas. Nos pondremos las gafas del optimismo. Como hemos visto en los dos últimos capítulos, no somos objetivos al cien por ciento evaluando la realidad. La última libertad humana es la decisión de cómo tomo las cosas. Por ello, mostrarte agradecido supone centrarte en la parte bonita del mundo. Te pongo un ejemplo.

Hay muchísimas personas que cuando llega el domingo por la tarde se pasan horas anticipando la llegada del lunes por la mañana. No disfrutan nada el montón de horas que tienen todavía para dedicarlas a lo que les dé la gana. Simplemente, se centran en el futuro y olvidan lo más importante. Lo que está ocurriendo aquí y ahora.

En tercer lugar, expresar gratitud nos predispone a afrontar el estrés y los traumas. Reinterpretaremos las situaciones estresantes con más facilidad. Nos veremos con más recursos para hacer frente a circunstancias difíciles. Muchas veces, ante situaciones traumáticas, nos vemos sin recursos para hacer frente a las demandas del ambiente. Esto siempre produce estrés. Al mostrarnos agradecidos, fomentamos una visión de nosotros mismos rebosante de herramientas y recursos.

Por ello, nuestra autopercepción cambia y las demandas del ambiente parecen más fáciles de afrontar.

Hay numerosos ejemplos de personas que han pasado por una situación traumática y lejos de ver reducidos sus niveles de bienestar, consideran la experiencia un motor para superarse a sí mismos. Es un proceso que se llama *crecimiento postraumático*.

En cuarto lugar, expresar gratitud fomenta el comportamiento ético y moral. Te convertirá en mejor persona. Adoptar esta actitud te predispondrá a ayudar a los demás. Cuando te muestras agradecido por la vida, también eres más consciente de los que no tienen tanta suerte como tú, te vuelves más empático y a la larga esto fortalece tu comportamiento ético. Por ejemplo, si te muestras agradecido por poder hacer las compras cada semana, es muy probable que te fijes en la persona que está en la puerta del supermercado pidiendo dinero. Seguramente, te conmueva su situación y, a lo mejor, llegas a hacer algo para ayudarla.

Si te das cuenta, en este punto, esta técnica se superpone a la que te enseñé en el capítulo anterior: la de la amabilidad. Generalmente, fomentando una solemos promover la otra. Están estrechamente relacionadas.

Mostrarte agradecido te ayudará a ampliar y a reforzar tu círculo social. A nadie le gusta estar rodeado de personas que se están quejando todo el día. Sin embargo, a todos nos gusta tener un amigo que sabe ver la parte buena de las cosas. Las relaciones que establezcas serán más duraderas y de más calidad.

Al expresar gratitud evitarás la comparación social y la envidia no se apoderará de ti. Aprenderás a valorar más lo que tienes y prestarás más atención a todo lo bueno que te ocurre. Sentirse de esta manera es incompatible con sentir emociones negativas, por lo que practicar la gratitud conllevará que experimentes menos envidia, menos tristeza, menos ansiedad, menos codicia, menos estrés y menos ira.

Creo que a estas alturas del texto ya estarás convencido de que esta práctica te va a servir de mucho. Pues no se hable más. Vamos a ver cómo es la forma más efectiva de ponerla en marcha.

Quiero que hagas un diario de gratitud. La frecuencia con la que escribirás no será diaria, sino semanal, para evitar que lo consideres una obligación (ocurre algo parecido a lo que pasaba con la amabilidad). Los estudios demuestran que hacerlo así es más efectivo.

Dedicaremos un rato a dar las gracias por todo lo que nos ha ocurrido durante los últimos siete días. Para evitar la habituación, puedes probar diferentes modalidades: hacerlo de forma escrita, reflexionando con toda tu atención puesta en la tarea, hablarlo con tus familiares o amigos, etcétera. También puedes dirigir una carta de gratitud a una persona, describiendo detalladamente lo que ha hecho por ti, y mandársela o leérsela. O planear una visita de gratitud, en la que des las gracias a alguien por algo que para ti es importante.

Yo he probado todas estas modalidades. La que me hizo sentir emociones más intensas fue escribir una carta a un amigo agradeciéndole su amistad y enviársela. La verdad es que durante su redacción sentí emociones muy intensas. Se me saltaron incluso las lágrimas. Me hubiera conformado con esta experiencia, pero al enviársela y ver su respuesta el efecto se multiplicó. Entiendo que a lo mejor escribir todas las semanas una carta de agradecimiento a un amigo puede llegar a ser algo difícil. Por eso te reto a que pruebes las diferentes modalidades.

Lo que suelo hacer yo normalmente es dedicar un rato a la semana a pensar en todo lo bueno que me está ocurriendo. Siempre hago el mismo ritual. Me voy a la montaña; en medio del bosque, hay un mirador desde el que se puede ver todo un valle y, ahí, durante veinte o treinta minutos, me dedico a pensar en lo grande que es la vida.

Quizás al principio no encuentres cosas por las que estar agradecido. Es normal: si te encuentras triste, los sesgos de pensamiento te estarán impidiendo ver la parte buena del mundo. No pasa nada, sigue haciendo actividades agradables y cambiando pensamientos automáticos negativos y verás cómo poco a poco te vas dando cuenta de todo lo bueno que ocurre a tu alrededor.

Voy a ponerte como ejemplo todo aquello por lo que se sentía agradecido Miguel una de las semanas en las que todavía acudía a mi consulta. Ya habíamos trabajado la parte correspondiente al cambio de pensamientos negativos y se encontraba bastante activo comparado con el principio del proceso terapéutico.

Le pedí que realizara esta actividad y la acogió con bastante entusiasmo. Me dijo que se sentía capaz de empezar a ver cosas buenas en su día a día, pero que si le hubiese pedido esto mismo hacía unas semanas, le habría resultado imposible.

Cosas por las que estoy agradecido esta semana

Me siento agradecido por la familia que tengo. Mi mujer me apoya siempre y permanece a mi lado tanto en lo bueno como en lo malo. Mis hijos me alegran los días negros. El fallecimiento de mi madre me ha ayudado a darme cuenta de que los míos siempre están ahí detrás.

Me siento agradecido por poder ver amanecer todas las mañanas. El espectáculo que me ofrece la naturaleza es impresionante. Da igual que los problemas se acumulen, el sol siempre está ahí iluminando y llenándome de vida. Es como ver un nacimiento cada día. Un milagro.

Me siento agradecido por haber tenido la suerte de haber nacido. De cientos de millones de espermatozoides y de cientos de óvulos posibles, tuve la suerte de que me tocara la lotería de la vida. Lo más probable hubiese sido no existir y, sin embargo, aquí estoy.

Me siento agradecido por haber podido disfrutar de un café al sol el miércoles a las 16:00 horas. He disfrutado de esos veinte minutos. Antes me lo hubiera bebido de un trago sin haber reparado en la sensación tan agradable del sol calentándome la piel.

Me siento muy afortunado de poder disfrutar de una casa tan bonita. Me siento un privilegiado por ello. He puesto mucho esfuerzo en adquirirla e intento disfrutarla cada día. Sobre todo, me gusta sentarme en la terraza por las mañanas a desayunar.

Me he sentido muy agradecido por haber disfrutado de un paseo por la mañana. He decidido no tomar el autobús y caminar por las calles de mi ciudad. Me he descubierto sonriendo a los que se cruzaban en mi camino. Me he dado cuenta de que estar bien es cuestión de actitud.

Doy las gracias porque hoy mis hijos me han dado un abrazo. Por primera vez en meses me he dado cuenta de lo que hay detrás de este gesto. El amor y el cariño que me tienen a pesar de que en los últimos meses no he estado al cien por ciento son inmensos. He deseado que esos segundos duren para siempre.

MIGUEL, diciembre de 2013

Si te das cuenta, Miguel no se mostraba agradecido por grandes hechos. Simplemente cambió su perspectiva. La mayoría de las cosas por las que se sintió de esta manera habían estado ahí durante todos esos meses. Solo se dio cuenta de que su bienestar estaba en las pequeñas cosas.

Ahora te toca a ti. Voy a pedirte que en el día de hoy realices alguna de las modalidades de gratitud que te he explicado en el párrafo anterior. Cada semana puedes cambiarla para evitar acostumbrarte.

Te dejo una ficha para que la copies y la rellenes. Una vez hecho el ejercicio, estaría bien que la coloques en un lugar visible para que te recuerdes cada día la nueva actitud que has elegido tomar.

Tabla 24. Diario de gratitud

Cosas por las que estoy agradecido esta semana
....
....
....
....
....
....
....
....
....
....
....
....
....

Recuerda que no tienes que buscar grandes eventos, no tienes que esperar a sacarte la lotería o acabar la carrera. Esas cosas solamente ocurren una vez en la vida como mucho. Busca hechos y actos que ya estén presentes en tu día a día. Juega a cambiar la perspectiva y verás cómo poco a poco vas transformando las gafas con las que ves el mundo.

Curiosidades científicas

La psicología no se puede entender sin la neurociencia. Los procesos cerebrales que explico en este libro tienen que estar localizados en algún lugar físico.

La metáfora que se suele usar para entender esta perspectiva es la de las computadoras. La neurociencia sería el *hard-*

ware, es decir, todos los mecanismos y piezas que existen en una computadora. Y la psicología sería el *software*, es decir, los programas que instalamos en la computadora.

Te lo clarifico un poco más por si, como yo, no tienes mucha idea de la informática. La neurociencia sería el lector de DVD instalado en el equipo. Sin esta estructura, será imposible reproducir un DVD en la computadora. La psicología por su parte, sería el programa con el que reproduces el DVD. Es necesario tener en cuenta los dos sistemas para comprender la informática. Lo mismo ocurre con el funcionamiento del cerebro.

Por ello me ha parecido interesante contarte por encima qué estructuras cerebrales están implicadas en los procesos de depresión.

La corteza prefrontal se sitúa en la parte anterior del cerebro (es decir, la parte de adelante). Es la encargada de las funciones ejecutivas. Está implicada en la toma de decisiones, en la planificación de comportamientos, en la personalidad y en la adecuación del comportamiento en situaciones sociales. Personas que por alguna cuestión han tenido algún tipo de daño en esta zona —a causa de un tumor, un ictus, un accidente...— pueden presentar dificultades para planificar actividades a medio y largo plazo, realizar conductas extrañas o sufrir cambios de personalidad.

La amígdala forma parte del sistema límbico. Está implicada en el almacenamiento de reacciones emocionales. Si piensas en la experiencia más aterradora de tu vida, instantáneamente estarás activando esta parte del cerebro. Está involucrada en las respuestas de miedo. Personas con esta parte del cerebro dañada tienen dificultades para sentir miedo por condicionamiento clásico. Por ejemplo, hay quienes simplemente ante la aparición de una bata blanca tienen una reacción de terror; esta reacción no aparecería si hubiese lesiones en determinadas partes de la amígdala.

El hipocampo, llamado así por similitud con los caballitos de mar, pertenece en parte al sistema límbico. Históricamente, ha habido controversia en relación con las funciones de esta parte del cerebro. Las teorías que tienen más respaldo señalan que está relacionado con la inhibición de la conducta, la memoria y la percepción del espacio. En la enfermedad de Alzheimer, una de las primeras estructuras afectadas es esta, por ello, algunos de los primeros síntomas de la enfermedad son la desorientación espacial y los fallos de memoria.

El tálamo está situado en el centro del cerebro. Es el encargado de organizar toda la información proveniente de los sentidos (a excepción del olfato). Es una especie de centro de control por donde pasa toda la información que capta nuestro cuerpo antes de ser conscientes de ella. Es una estructura tremendamente compleja implicada en múltiples procesos cerebrales.

Los ganglios basales están situados cerca de la base del cerebro. Tienen conexiones directas con el tálamo, la corteza cerebral y el tronco del encéfalo. Están implicados en los movimientos y en la adquisición de habilidades motoras. ¿Te suena eso de que andar en bici nunca se olvida? Es precisamente porque el aprendizaje de este tipo de habilidades se codifica en esta estructura. Personas con esta estructura dañada —a causa de la enfermedad de Huntington, por ejemplo— realizan movimientos que no pueden controlar.

Hay estudios que apoyan que el funcionamiento anormal de alguna o varias de estas estructuras puede generar alteraciones del estado de ánimo. No obstante, la mayoría de las investigaciones no apoya esta hipótesis. Necesitamos mucha más investigación en este campo para poder ser concluyentes.

Ten en cuenta que las técnicas por las cuales se valora la actividad de una zona concreta del cerebro son relativamente nuevas. Además, son muy costosas, por lo que todavía no hemos tenido la oportunidad de realizar suficientes estudios. En los próximos años vamos a vivir una auténtica revolución en relación con el conocimiento del funcionamiento del cerebro. Imagina que llegará un día en el que seamos capaces de construir un cerebro artificial. Supón que desarrollamos la capacidad de pasar toda la información que contiene nuestro cerebro a un cerebro artificial. Llegaríamos a ser inmortales. Sé que esta perspectiva puede dar hasta miedo. Incluso puedes pensar que nunca jamás llegaremos a tal desarrollo tecnológico. Pero te recuerdo que hace solamente veinte años en casi ninguna casa disponíamos de internet y los teléfonos móviles eran solamente para altos ejecutivos. El tiempo dirá.

De nuevo, como en el capítulo anterior, puedes consultar el artículo «Bases neuroquímicas y neuroanatómicas de la depresión», de Guadarrama, Escobar y Zhang para más información.*

* Art. cit.

5

ASERTIVIDAD

> El secreto de la vida es la honestidad y el
> juego limpio; si puedes simular eso, lo has
> conseguido.
>
> GROUCHO MARX

Imagínate que te apetece muchísimo tomarte un café solo
con hielo. Te sientas en una terraza y el camarero muy ser-
vicial te pregunta qué quieres. Enseguida le indicas que un
café solo con hielo. A los pocos minutos aparece con un café
con leche ardiendo. ¿Qué harías?

Existen tres grandes grupos de posibilidades. El primero
es quedarte callado. Te bebes el café con leche que tanto
odias, pagas y te vas. En el segundo grupo de posibilidades,
estaría ponerte agresivo con el camarero, señalando que no le
vas a pagar por algo que no le has pedido. Y la tercera opción
es señalar educadamente que habías pedido un café solo con
hielo, no uno con leche.

¿Cuál de las respuestas te parece más adaptada al contexto? La tercera, ¿verdad? En este caso está claro. La primera
respuesta sería pasiva, la segunda, agresiva, y la tercera, asertiva.

Hemos escuchado un montón de veces que hay que ser
asertivo, pero ¿de verdad sabemos lo que es la asertividad?
Cuando hay interacciones entre dos o más personas todos nos
movemos en un continuo que va desde la pasividad hasta la
agresividad. Ser pasivo en una determinada situación consiste
en dejar que no se respeten nuestros derechos a favor de los
derechos de otros. Ser agresivo es justamente lo contrario, hacer valer nuestros derechos en detrimento de los de los demás.

La asertividad consiste en hacer valer nuestros derechos sin limitar los de los demás. Decirlo es muy fácil, pero llevarlo a la práctica en cada área de nuestra vida supone un desafío nada fácil de abordar.

Figura 11. Modelos de respuesta.

Si te pregunto en qué plano del segmento de la figura 11 nos deberíamos mover, seguramente me dirás que hay que ser asertivo. Estoy en parte de acuerdo contigo, pero como siempre intentaré hacerte reflexionar. Supongamos que vamos por la calle y un atracador nos pone una navaja en el cuello. ¿La conducta más adaptativa sería la asertividad? ¿Intentarías defender tus derechos respetando los del atracador? En este caso, a menos que sepas kung-fu, lo más adaptativo es entregar el dinero y ejercer una conducta pasiva. Otro ejemplo, imagina que en un restorán has pedido un filete poco hecho, tras reclamar en tres ocasiones el cambio, el camarero se niega, y tras pedir hablar con un superior, se vuelve a negar. En este caso, bajo mi punto de vista, una conducta agresiva solucionaría el problema. No hay que confundir agresividad con violencia, no estoy hablando de pegar al camarero, sino de indicar educadamente que no vas a pagar, puesto que no te han servido lo que has pedido. Seguramente, la situación se solucione en minutos.

Hay que destacar que ninguno de nosotros somos por definición pasivos, asertivos o agresivos, dependemos mucho de la situación. Podemos comportarnos de una forma agresiva en un contexto determinado y ser pasivos en otro. Nuestra tarea será evaluar en qué contextos nuestra conducta está desajustada para después hacer los cambios pertinentes en ella, para así poder ejercer nuestra libertad al máximo posible.

Como ya vimos, un modelo de depresión es el de la indefensión aprendida, que se produce en aquellas situaciones en las que percibimos que hagamos lo que hagamos el resultado es siempre negativo, por lo que dejamos de intentar algo. El entrenamiento en asertividad busca dotar de recursos a la persona para que se perciba más competente a la hora de defender sus derechos, sin olvidar los derechos de los demás.

Es cierto que cuando nos encontramos bajos de ánimo es mucho más difícil defender nuestros derechos. Casi siempre nos asaltan pensamientos automáticos negativos como; «Total, ¡qué más da!», o «Para qué voy a luchar, si haga lo que haga nada me sale bien». Pero estos pensamientos ya no pueden ser una excusa, puesto que ya te he enseñado a combatirlos paso a paso.

Volvamos al caso de Miguel. En general, él siempre había sido una persona con buenas habilidades sociales en todos los ámbitos, pero tenía un punto débil: el trabajo.

A Miguel le costaba muchísimo poner límites a sus superiores en la oficina, lo que en más de una ocasión hacía que se tuviera que quedar durante más horas de las necesarias trabajando.

Como era muy bueno en su trabajo, sus jefes lo cargaban con más casos de los que podía llevar. En vez de señalar asertivamente que no podía con tanta carga, aceptaba de mala gana. Se iba quemando poco a poco. Su nivel de ansiedad crecía día a día y su estado de ánimo empeoraba.

La muerte de su madre fue lo que disparó su estado de tristeza, pero la falta de asertividad en el trabajo había menguado su capacidad de afrontamiento.

Conforme fue mejorando se incorporó de nuevo al trabajo. Esta vez, decidido a defender sus derechos y a cuidar de su salud física y mental.

La primera semana todo estuvo en calma, todo el mundo sabía que había pasado por un mal trago y le dieron margen, pero a los pocos días uno de sus superiores le pidió que se ocupara de un caso muy complicado y con poco margen de tiempo para actuar.

Miguel, que ya estaba preparado para la situación, le explicó que, según su criterio, llevaba muchos casos. Que encargarse de uno más sería intentar abarcar más de lo posible. Explicó que esta petición lo hacía sentir triste, puesto que le habían prometido que las cosas iban a cambiar. Expresó también la posibilidad de aumentar su carga de trabajo, pero con más tiempo para actuar, y por último dio las gracias a su jefe por escucharlo. Este se quedó perplejo ante la respuesta de Miguel y fue a ver a un superior para contarle lo acontecido. El superior le dio la razón a Miguel.

Como ves, tomar una actitud asertiva puede ayudarnos en muchas áreas. No solamente de nuestra vida personal, sino también en lo laboral. Al final tomar una postura asertiva nos acerca a tener la vida que deseamos, por lo que entrenar estas técnicas es muy beneficioso.

Yo, en general, me considero una persona asertiva y sociable, pero es cierto que cuando me encontraba en mi peor momento parecía como si esa parte de mí se hubiese dormido. Me ponía nervioso la gente. Me aterraba pedir asertivamente cualquier cosa. Habitualmente me quedaba callado mientras se aprovechaban de mí.

Recuerdo que estaba tan inhibido que conseguí apuntarme al gimnasio que había al lado de mi casa y te prometo que me daba vergüenza ir. No había ninguna razón lógica, pero me vencía la timidez. Llegué a ir tres veces en los más de cuatro meses que estuve apuntado. Supuestamente en el precio se incluían las tablas de ejercicios que tenía que hacer, en recepción me indicaron que buscara al instructor y se las pidiera. Cuando llegué a la sala, lo encontré ocupado, me dijo que lo buscara en diez minutos, pero ¿sabes qué? Que no fui capaz de dirigirme a él nunca más.

Por esa época, cuando me tocaba viajar a otra ciudad, siempre comía en el mismo sitio, era un bar de carretera en el que el menú era decente y no me tenía que desviar demasiado de mi camino. Fui allí todos los martes durante tres o cuatro meses. Siempre me cobraban doce euros por el menú. Un día, al pedir la cuenta, vino el camarero y me dijo que me acercara a la caja a pagar, que como era habitual, me harían un precio especial. Llegué a la caja y al pedir la cuenta me volvieron a decir que eran doce euros. Tampoco fui capaz de replicar ni de defender mis derechos. Y es que cuando estamos bajos de ánimo nos cuesta una barbaridad relacionarnos con los demás.

Otro fenómeno muy habitual es que ante una situación que viola nuestros derechos nos mantengamos pasivos, sin decir nada, sin pedir un cambio. Conforme pasa el tiempo nos frustramos cada vez más hasta que un día explotamos. Es decir, pasamos del extremo pasivo hasta el extremo agresivo, sin pasar por la asertividad. Es mucho más adaptativo no callarse y decir día a día lo que nos molesta.

Seguro que esto te ha pasado un montón de veces. A mí también. Durante mis peores momentos, en el trabajo en el que estaba me pedían continuamente que actuara en contra de mis principios; al comienzo me mantuve firme y defendí mi punto de vista, pero con el tiempo, empecé a no decir nada. Actuaba según mis principios, pero ya no me molestaba en defenderlos en voz alta.

Derechos asertivos

Lo primero que vamos a hacer es aclarar los derechos que tenemos como personas. El primer paso para hacerlos valer es conocerlos.

Muchos de ellos, seguramente, los des por hechos, pero otros realmente te sorprenderán. Aceptar que tenemos estos derechos supone salirse de la cárcel de la pasividad para entrar en un nuevo mundo de libertad.

Ser asertivo supone liberarse de las cadenas que llevamos colgando durante muchos años. Verás cómo al principio te encuentras incómodo incorporando a tu día a día nuevas actitudes, pero cuando empieces a tomar tus propias decisiones, ya no habrá vuelta atrás.

A continuación, voy a «leerte tus derechos». Espero que te los aprendas. Puedes ponerlos en la nevera, tatuártelos o memorizarlos, pero quiero que nunca se te olviden.

1. *Derecho a juzgarnos nosotros mismos.* Significa que solamente nosotros tenemos derecho a poseer nuestras propias opiniones, emociones, modos de pensar y de actuar. Debemos aceptarlos como válidos, aunque a otros no les parezcan bien.

2. *Derecho a elegir hacernos responsables de los problemas de los demás.* Podemos decidir responsabilizarnos solamente de nuestros problemas. Muchas veces nos olvidamos de nosotros mismos y nos consumimos con los problemas de los demás. Solamente nosotros somos los responsables de decidir si el problema de otra persona es responsabilidad nuestra.

3. *Derecho a elegir si queremos dar explicaciones.* Podemos decidir actuar sin justificarnos. No tenemos por qué dar ninguna explicación por nuestra forma de actuar, pensar o sentir. Por supuesto, los demás tendrán derecho a decirnos de forma asertiva que lo que hacemos no les gusta, pero podemos persistir siempre y cuando nos hagamos cargo de las consecuencias.

4. *Derecho a cambiar de opinión.* No hay por qué mantener en el tiempo una forma de ver las cosas. Podemos cambiar de opinión cuando nos plazca. Cambiar de opinión es saludable y normal. Algunas distorsiones de pensamiento nos impiden llevar a cabo este derecho, como sucede con el pensamiento «si te has comprometido, tienes que cumplir».

5. *Derecho a cometer errores.* Tenemos derecho a equivocarnos, a fracasar, a no hacer caso de las advertencias de los demás. Tomamos decisiones que son fruto de nuestros razonamientos y emociones, y aunque nos equivoquemos, tenemos derecho a hacer lo que queramos.

6. *Derecho a decir «no lo sé».* No tenemos por qué contestar a todo, no tenemos por qué saberlo todo. No debemos sentirnos culpables por no poder contestar o desconocer algo en concreto. Tenemos derecho a la ignorancia.
7. *Derecho a no necesitar la aprobación de los demás.* No tenemos por qué depender de la opinión de terceros. Tenemos derecho a elegir nuestro camino, independientemente de lo que piensen los demás.
8. *Derecho a tomar decisiones ajenas a la lógica.* Tenemos derecho a ser ilógicos. A que los demás nos adviertan que nos estamos equivocando. Nosotros asumiremos las consecuencias, así que, si tenemos que ser ilógicos, seámoslo.
9. *Derecho a no comprender las expectativas ajenas.* No tenemos por qué saber lo que los demás esperan de nosotros, y por supuesto, no tenemos por qué cumplir las expectativas de terceros. Si aceptamos este derecho, evitaremos caer en distorsiones cognitivas como la de adivinar el pensamiento.
10. *Derecho a no intentar alcanzar la perfección.* Somos libres de no querer ser perfectos, de aceptar nuestros errores, de no meternos presión para estar siempre al cien por ciento. Somos libres de dar 50 % y sentirnos a gusto.

Los derechos asertivos, en resumen, pretenden que te atrevas a ser tu propio juez, que tomes tus propias decisiones, que aceptes que no siempre vas a ser perfecto y que te vas a equivocar. Eso sí, también hay que tener en cuenta que las demás personas que nos rodean tienen sus propios derechos asertivos. Puedes ser amable, dar explicaciones y tomar en cuenta opiniones ajenas, siempre que con ello no te estés traicionando a ti mismo.

Voy a contarte una anécdota de la que me siento especialmente orgulloso. Como he ido contando durante todo el libro, el trabajo en el que estaba antes me tenía muy presionado.

Era una lucha constante entre mis siete jefes y mi ética. Ellos me pedían que obrase a favor de la economía de la empresa, pisando, en muchas ocasiones, los derechos de los pacientes. Si les preguntas a ellos, te dirán que jamás me presionaron, y de hecho se cubrían muy bien las espaldas, nunca me pedían por escrito que hiciera algo, sino que me lo sugerían amablemente.

Pero cada vez la presión era mayor, solicitaban reportes de cada cosa que hacía, me llamaban de la central cada dos por tres, tenía que rellenar un montón de formularios absurdos, etcétera; en fin, me tenían fiscalizado.

Cuando la cuerda estaba muy tensa, me llamaron por teléfono para decirme que a la semana siguiente tendría una reunión por videoconferencia con un alto directivo de la empresa. Por supuesto, no desvelaron el motivo (el viejo truco de la incertidumbre para ponerte nervioso). Me imaginaba lo que podía ser, pero aun así tenía la ansiedad disparada.

Sabía que me iba a presionar para que dejara mi ética de lado. Mis compañeros me decían que le diera la razón en todo, que no me enfrentara a él, que ya había despedido a muchos. Yo, por mi parte, estaba decidido a enfrentarlo. Es verdad que tenía un sueldazo y unas condiciones laborales (sobre el papel) inmejorables, pero lo que me pedían que hiciera iba en contra de mis principios y de mi código deontológico como psicólogo. Lo tenía claro.

Llegó el día de la reunión. Para ponerme más nervioso me citaron a la una de la tarde. Nada de las nueve de la mañana para quitártelo pronto de encima; no, «que el empleado sufra». Por supuesto, la reunión no empezó a la hora establecida, me hicieron esperar cuarenta y cinco minutos. Como ya me esperaba la jugada, me preparé a conciencia escuchando música estruendosa. El rock más duro que puedo aguantar. Cuando sonó el teléfono, me encontraba en un estado de euforia en el cual era imposible que permaneciera pasivo.

Me saludó muy educado y me dijo que no le gustaban los rodeos, que teníamos un problema. Me pidió que cambiara mi actitud respecto a los pacientes. Los datos iban mal. Le expliqué que entendía su postura, pero que en mi escala de valores en ningún caso iba a prevalecer el criterio económico sobre el criterio humano.

Aquí empezó el argumento por el cual yo debía posicionarme del lado de la empresa. La verdad es que fue un discurso muy bueno, porque en un momento hasta me lo creí, pero permanecí firme. Le dije asertivamente que entendía perfectamente la postura que él tenía que tomar, pero que básicamente yo iba a seguir haciendo lo mismo. Me dijo que eso era inaceptable y que lo pensara, de lo contrario tendría que hablar con recursos humanos (desde luego, para que me despidieran). Le dije que mi postura era innegociable y que era totalmente consciente de las consecuencias de mis decisiones, que hiciera lo que tuviera que hacer.

Según iba hablando la cara se le iba torciendo cada vez más. Creo que no estaba acostumbrado a que nadie defendiese sus derechos delante de él.

Al final me despidieron, me quedé sin sueldo, sin condiciones laborales excelentes y sin trabajo. ¿Sabes qué? Es lo mejor que me ha pasado. Al final, poder ser fiel a ti mismo significa ser libre, y manejar la asertividad es la puerta para conseguirlo.

Transformar los pensamientos automáticos negativos

En muchas ocasiones, aunque nos damos cuenta de que estamos siendo pasivos o agresivos, no nos atrevemos a dar el paso para ejercer nuestros derechos, porque interpretamos la realidad de una forma que no favorece la conducta asertiva.

En los capítulos 3 y 4 hemos aprendido cómo cambiar este tipo de pensamientos. No obstante, de forma muy resumida, voy a poner una serie de ejemplos.

Tabla 25. Pensamientos alternativos y conducta asertiva

Situación	Pensamiento automático negativo	Pensamiento alternativo
Mi jefe me pide que haga un trabajo que no me corresponde.	Tengo que hacerlo, de lo contrario se enfadará conmigo y me echará a la calle.	Tengo derecho a manifestar mi disconformidad. Tengo derecho a señalar que no es de mi competencia. Además, no tengo ninguna evidencia de que me vaya a echar. Tengo derecho a no hacerlo.
Mi pareja se enfada porque no he adivinado que quería salir a cenar.	Tenía que haberlo pensado. No valgo nada como novio/a.	No soy capaz de adivinar los pensamientos de las personas. Tengo derecho a no saber lo que los demás están esperando.
Un amigo me pide prestado el coche y no me atrevo a decirle que no.	Si le digo que no, se va a enfadar y va a pensar que soy un mal amigo.	Tengo derecho a oponerme a la petición. El coche es mío y solo yo puedo decidir si se lo presto o no. Además, el hecho de prestarle el coche no tiene nada que ver con nuestra amistad.

En los siguientes apartados de este capítulo veremos cómo llevar a cabo las conductas asertivas.

En la historia que te he contado en el apartado anterior, cuando me citaron con el directivo de turno, te aseguro que me asaltaron pensamientos automáticos negativos. En ciertos momentos llegué a pensar que me pondrían un detective o que intentarían cerrarme puertas en otros ámbitos. Claro que cuando me puse a reflexionar fríamente y cambié mi modo de pensar, pude ejercer mis derechos asertivos con normalidad.

Aprendizaje de conductas asertivas

En primer lugar, vamos a exponer las características no verbales de toda conducta asertiva. Esta información es común a todas las técnicas que se describen en las siguientes páginas.

Una conducta asertiva tiene que ser emitida con un lenguaje no verbal abierto, honesto, positivo, con control emocional; el mensaje tiene que ser claro, la postura relajada, debe haber contacto ocular y una expresión facial neutra.

Es decir, cuando quieras ser asertivo, tienes que elegir un momento en el que estés tranquilo. Si estás muy enfadado o muy ansioso, es muy probable que tu lenguaje no verbal no sea el óptimo. Según mi experiencia, es mucho más útil seguir esta estrategia que ensayar el lenguaje no verbal neutro. No digo que no sea efectivo, pero en general, en la mayoría de los casos, saber elegir el momento es suficiente.

Pedir un cambio de conducta que nos molesta

Esta técnica es enormemente valiosa para pedir un cambio de conducta a personas a las que apreciamos, reduciendo al máximo las posibilidades de herir sensibilidades. Muchas veces, en nuestro día a día, nos encontramos con determinados hábitos ajenos que nos molestan mucho. La respuesta natural ante este tipo de situaciones es permanecer callados, hasta que un día, de tanto callar, explotamos. Es lo que te contaba en apartados anteriores: mantener una actitud pasiva durante un tiempo para pasar directamente a una actitud agresiva.

Hemos de comunicarnos de forma real con los demás, sin máscaras. Mediante esta fórmula podemos dejar de callarnos aquello que tanto nos afecta. Pero, ¡cuidado!, no significa que tengas que ir diciendo a todo el mundo lo que te molesta de ellos sin filtro ninguno. Ante todo, sentido común.

Sin más dilación, te presento la que para mí es una de las técnicas más valiosas dentro del campo de las habilidades sociales.

En primer lugar, debemos prever que la otra persona no está obligada a cambiar su conducta. Nosotros tenemos derecho a pedir un cambio, puesto que nos afecta, pero como hemos visto en el apartado de los derechos asertivos, el otro tiene derecho a no satisfacer las necesidades de los demás.

El primer paso para pedir un cambio de conducta molesta es elegir el momento. La emisión de una conducta asertiva ha de producirse cuando las dos partes se encuentren tranquilas, en un ambiente que facilite la comunicación.

1. *Señalar algo positivo de la otra persona.* Es una buena forma de comenzar, para que la otra parte no se sienta atacada. Es de vital importancia saber identificar rasgos positivos relacionados con la conducta que deseamos que cambie.

2. *Describir detalladamente la conducta que nos molesta.* Es conveniente ser muy precisos a la hora de describir la conducta, hay que evitar adjetivos, nos ceñiremos a la mera descripción de la realidad. Evitaremos las generalizaciones y señalaremos cuándo se da la conducta y dónde.

3. *Empatizar con la otra persona.* Intentaremos ponernos en la piel del otro para saber por qué lleva a cabo esta conducta. A lo mejor puede ser un simple «sé que no te das cuenta», pero la otra persona se sentirá comprendida.

4. *Comunicar nuestros sentimientos.* Describiremos cómo nos hace sentir la conducta que nos molesta. Esto ayudará al otro a empatizar con nosotros.

5. *Ofrecer una alternativa.* Propondremos un cambio de conducta. Si no se nos ocurre nada, podemos pedir a la otra persona ayuda para encontrar soluciones.

6. *Dar las gracias por la atención*. Independientemente de que nos hagan caso, nosotros daremos las gracias. Así fomentaremos la comunicación asertiva.

Vamos a ver con un ejemplo cómo con la comunicación asertiva las posibilidades de que la otra persona cambie son mucho mayores que ante una comunicación agresiva. Imaginemos la siguiente situación. Paco y María llevan casados cinco años. Su relación es muy buena, pero María se enfada mucho cuando Paco, nada más llega de trabajar y pone los pies encima de la mesa para relajarse.

Una comunicación agresiva se produciría en estos términos: «Paco, eres un desconsiderado, todos los días me haces lo mismo, parece que lo haces adrede, baja los pies de la mesa que nos regaló mi madre». Seguramente, este comentario se da después de haber aguantado mucho tiempo. Paco no entenderá el porqué del enfado de María y es probable que discutan.

Veamos ahora un ejemplo de conducta asertiva. Entre paréntesis se van indicando los pasos para que puedas identificarlos.

(1) Paco, me encanta cuando vienes del trabajo y podemos pasar este rato juntos, (2) pero cuando llegas a casa después de trabajar y pones los pies encima de la mesa... (3) Sé que no lo haces adrede, y sé que ni te das cuenta, (4) pero yo me siento menospreciada, porque es la mesa que nos regaló mi madre, y me pongo triste... (5) ¿Qué te parece si en vez de poner los pies encima de la mesa compramos un reposapiés? (6) «Muchas gracias por escucharme, Paco, eres un sol, sé que lo tendrás en cuenta.

¿Cómo es más probable que se produzca el cambio de conducta? Desde la comunicación agresiva solamente conseguimos enfadarnos con la otra persona, mientras que desde la comunicación asertiva conseguimos empatizar, que empaticen con nosotros y lograr un buen clima de comunicación. Evidentemente, no asegura que la otra persona cambie, pero las probabilidades aumentan.

Recepción de críticas de forma asertiva

Saber encajar las críticas de los demás es un arte en sí mismo. Lo normal ante este tipo de situaciones es sentir enfado. Es lógico, ya que seguramente lo estaremos percibiendo como una agresión. Tenemos que cambiar esa perspectiva para poder beneficiarnos de las críticas que nos hagan. Vamos a aprender cómo.

En primer lugar, tenemos que evaluar el tipo de crítica que se nos está haciendo. La figura 12 refleja en un esquema general lo que tenemos que hacer ante la emisión de una crítica hacia nuestra persona.

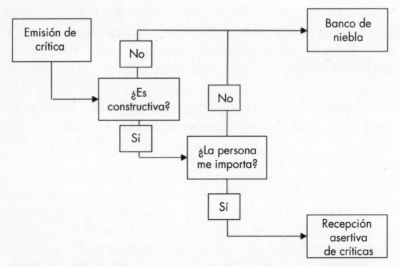

Figura 12. Recepción asertiva de críticas.

Como hemos visto, hay dos grandes formas de actuar ante una crítica, y la recepción asertiva de críticas se utiliza si la crítica es constructiva y la persona nos importa. El *banco de niebla* define las situaciones en las que la persona o la crítica no son importantes para nosotros.

Lo primero que tendremos que entrenar es identificar el tipo de crítica que nos están haciendo. Generalmente, somos muy reactivos ante este tipo de comentarios y lo que nos pide el cuerpo es ponernos a la defensiva. Lo único que conseguiremos es adoptar una actitud agresiva.

En general, adoptar esta actitud ante una crítica no nos reporta ningún beneficio. Lo único que conseguiremos será empeorar la relación con la persona que nos está haciendo el comentario. Puede que esa persona no nos importe demasiado, claro que sí, pero también puede tratarse de un ser querido.

Por el contrario, si adoptamos una actitud asertiva, en primer lugar, reduciremos la posibilidad de deteriorar la relación y, en segundo lugar, si la crítica es constructiva, aprovecharemos la oportunidad para obtener información y mejorar.

Al principio es normal encontrarse confundido. En general, tenemos bastante claro qué personas nos importan y cuáles no, pero ¿qué críticas son constructivas? Como siempre, usemos el sentido común. Si, por ejemplo, a mí me hace una crítica sobre el contenido de una conferencia de psicología un ingeniero de caminos, entenderé que lo más probable es que yo esté mejor formado que él en la materia, por lo que muy probablemente no sea una crítica muy constructiva. Si, por el contrario, un amigo me hace una reflexión sobre cómo he actuado con él en los últimos meses, lo más factible es que sea una crítica constructiva de la que deberé aprender.

Recepción de críticas constructivas de personas que nos importan

Si te fijas, es realmente raro que personas allegadas nos hagan críticas. Rara vez alguien que nos quiere se atreve a decir que no le gusta algo que hacemos. Precisamente, por la misma razón que tú no lo haces, por miedo a que te sientas mal o por miedo a que dejes de querer a esa persona. Estarás de acuerdo conmigo en que estos son pensamientos automáticos negativos. Por ello, tenemos que celebrar que alguien de nuestro entorno más cercano nos haga este tipo de observaciones. Es una oportunidad para recabar información y poder conseguir cambios.

En general, la gente que nos quiere, siempre nos va a hacer críticas constructivas, por lo que adoptar una actitud defensiva no va a ayudarnos en nada. La mejor forma de actuar, en general, es con una actitud asertiva, abriéndonos a las observaciones que nos haga el interlocutor.

Como a las personas les cuesta comunicarse de forma eficiente, incluyo a continuación unas recomendaciones para que puedas sacar el máximo partido posible a una crítica. Es importante que las leas y te familiarices con ellas para después interiorizarlas.

1. *Pedir una descripción de la conducta.* Necesitamos saber exactamente a qué se refieren. No todo el mundo es asertivo y puede que la crítica no se haga de forma precisa.
2. *Preguntar cómo hace sentir a la otra persona.* Esto nos ayuda a empatizar y la otra persona se siente escuchada.
3. *Solicitar alternativas de conducta.* La otra persona agradecerá que la tengamos en cuenta para realizar el cambio.
4. *Dar las gracias* por la crítica constructiva.

Observa cómo la recepción y la emisión de críticas son muy parecidas, solamente nos situamos en el lado contrario. Se trata de hacer asertiva a la otra persona.

Veamos un ejemplo de recepción de críticas. Volvemos con Paco y María. Él está harto de que María tarde media hora en prepararse para salir a tomar algo. Este sería su diálogo:

Paco (P.): María, eres muy pesada.
María (M.): (1) ¿Cuándo soy pesada, Paco?
P.: Cuando te preparas. Entre que te vistes, te peinas, y te maquillas pasa más de media hora.

M.: (2) ¿Y en qué te influye a ti, Paco?

P.: Pues me desespero, porque yo me visto en cinco minutos y tengo que estar esperándote.

M.: (3) ¿Y qué podemos hacer?

P.: Pues no lo sé.

M.: (3) ¿Qué te parece si la próxima vez me preparo yo antes que tú y así te espero yo a ti?

P.: Pues es buena idea, así no me agobio esperándote.

M.: (4) ¡Perfecto! Así da gusto, Paco, hablando se entiende la gente.

Como ves, aunque Paco no es nada asertivo, María lo reconduce para que diga exactamente lo que le molesta. Si ante la primera crítica María hubiese optado por una contestación a la defensiva o agresiva, probablemente habrían discutido.

Hace pocos días, un amigo me hizo una reflexión. Me dijo que muchas veces era demasiado conciliador, que no me posicionaba. La verdad es que mi primera reacción fue de enfado. Me enojé mucho. Pero enseguida cambié mis pensamientos negativos y la emoción bajó. Le pedí que me dijera en qué situaciones me había comportado de esa manera y cómo le había hecho sentir. Me explicó detalladamente lo que le había molestado el día anterior. No se refería a que en todas las situaciones posibles de mi vida no me posicionara, se refería a una en concreto. Le expliqué con detalle mi punto de vista y le pedí perdón porque veía que realmente lo había molestado.

Lo que en otra ocasión hubiese podido ser el desencadenante de una gran pelea, se convirtió en una oportunidad de estrechar lazos. La conversación duró unos minutos y al acabar nos dimos un abrazo. Celebramos la conversación yéndonos a cenar. No habría sido capaz de modificar de esta manera la situación si no hubiera tenido la formación que tengo en asertividad. Por ello te recomiendo una vez más que te familiarices e interiorices esta técnica.

Banco de niebla

El día que descubrí esta técnica supuso una auténtica revolución en mi vida. Me he ahorrado cientos de discusiones utilizando el banco de niebla.

Este método es una forma de dejar pasar una crítica haciendo que la otra persona se quede satisfecha, aunque sin darle la razón. Es muy sencillo y evita muchísimos conflictos. Una vez que lo practiques y lo incorpores a tu repertorio de conductas asertivas tendrás un as en la manga cuando no quieras discutir.

Además, nos ayuda a poner límites a las demás personas. Les haremos saber que están siendo escuchados y que existe una posibilidad de que consideremos lo que nos están diciendo, pero manteniendo nuestra propia opinión. Se compone de dos pasos.

1. Expresar que *estamos escuchando* y *atendiendo el mensaje.*
2. Manifestar *la posibilidad, en el futuro, de tenerlo en cuenta.*

Lo único que estamos haciendo es aceptar parte del mensaje, escuchar lo que nos están diciendo. Puede que en el futuro lo consideremos, pero también puede ser que no lo consideremos. No estamos mintiendo.

Supón que una madre y su hijo mantienen esta conversación:

MADRE: A ver si te cortas esos pelos. Pareces un presidiario.
HIJO: Entiendo, mamá, que creas que parezco un presidiario, en el futuro consideraré cortarme el pelo para no parecerlo.

Con esta respuesta, el hijo evita meterse en una discusión sin salida, ya que la madre no va a cambiar de opinión y él quiere ejercer su derecho a hacer lo que le dé la gana con su pelo.

Imagínate que estás de sobremesa, después de una comida familiar. En estas ocasiones siempre con el fervor de los licores hay algún miembro que se empeña en discutir de política. Generalmente, la conversación deriva hacia terrenos incómodos casi sin que nos demos cuenta. Con esta técnica te puedes ahorrar esa experiencia. Simplemente, valida la opinión de la otra parte y señala la posibilidad de que en el futuro puedes cambiar de opinión.

Voy a contarte una anécdota que me ocurrió hace algunos meses. Desde hace ya algunos años, solamente recibo en consulta a adultos, pero un día apareció una señora con su nieto. Para valorar a un menor se necesita la autorización de los dos progenitores. En este caso, estaban divorciados y una de las partes no sabía que su hijo tenía cita conmigo. El que yo accediera a valorarlo hubiera sido una falta importante.

Pues bien, la abuela del chiquillo estaba empeñada en que yo hiciera la valoración. Tras explicarle que solamente veo adultos y que en caso de hacer una excepción necesitaría la autorización de los dos progenitores, intentó convencerme aludiendo a que en otros consultorios no le habían pedido nada. Yo seguí argumentando que simplemente me limitaba a cumplir la ley, que lo que hicieran otros consultorios no era asunto mío. Quiso manipularme, diciendo que no se iba a enterar nadie y que me convenía para el negocio. Como yo estaba convencido de mi postura no me quedó más remedio que hacer uso del banco de niebla y del disco rayado (técnica que veremos en el apartado siguiente). Le expliqué que entendía que estuviera preocupada por su nieto, pero que por el momento solamente veía adultos, que en el futuro valoraría hacer psicoterapia con niños. Ella seguía insistiendo y yo repetía esta frase una y otra vez. Al final, la señora se dio por vencida y me dio las gracias por explicarle la situación.

Disco rayado

Con el banco de niebla, forma la combinación perfecta. Es una manera genial de poner límites y manifestar opiniones y deseos de forma eficaz e inamovible. Lo bueno es que, al igual que las demás técnicas que hemos visto en el capítulo, minimiza las posibilidades de que la otra parte se sienta agredida.

La técnica consiste en la repetición serena de palabras que expresan nuestros deseos una y otra vez ante la insistencia de otros para que accedamos a los suyos. Evita poner excusas falsas y nos ayuda a persistir en nuestros objetivos. Se basa en tres principios:

1. *Manifestar el entendimiento* de los deseos de los demás.
2. Señalar que *no vamos a modificar nuestras preferencias.*
3. *Repetir secuencia* hasta que la otra parte acepte nuestra postura.

Volvamos a la situación anterior, en la que la madre insiste en que su hijo se corte el pelo.

MADRE (M.): A ver si te cortas esos pelos. Pareces un presidiario.

HIJO (H.): Entiendo, mamá, que creas que parezco un presidiario; en el futuro consideraré cortarme el pelo para no parecerlo.

M.: No me vengas con tonterías, a mí me gusta que mi hijo lleve el pelo corto.

H.: Entiendo, mamá, que te guste que lleve el pelo corto, pero a mí me gusta largo y de momento no voy a cortármelo.

M.: Pero es que pareces un presidiario.

H.: Entiendo que creas que parezco un presidiario, pero a mí me gusta el pelo largo y de momento no voy a cortármelo.

H.: Es que estás muy feo.

H.: Mamá, entiendo que te parezca más feo con el pelo largo, pero a mí me gusta así y de momento no voy a cortármelo.

Te aseguro que al final la otra persona terminará por aceptar tu postura. Esta técnica es muy útil para poner límites de forma asertiva, sin que se deteriore la relación entre ambos.

Voy a contarte la primera vez que utilicé esta técnica. Fue hace unos años. Mientras dormía la siesta, sonó el teléfono y adivina quién era. Efectivamente, una compañía de teléfono para ofrecerme todas las ventajas de contratar una línea con ellos. Mi actuación hasta entonces había sido colgar directamente. Estarás de acuerdo en que se trata de una actitud pasivo-agresiva. Y lejos de conseguir que me dejaran en paz, lo único que había logrado era que me llamaran todos los días después de comer.

Esta vez opté por una táctica diferente. Usar el disco rayado. Nada más descolgar, la chica se presentó. Esperé a que me hiciera la pregunta del millón. «¿Estás contento con tu compañía de teléfonos?» Le dije educadamente que entendía que ella estaba trabajando y que quería que me cambiara de compañía, pero que no lo iba a hacer y agradecería que no me llamaran más. Intentó en dos ocasiones contarme los beneficios, pero yo respondí repitiendo lo mismo. Al final, desconcertada, me dio las gracias y colgó. Y ¿sabes qué? No me han vuelto a llamar de esa compañía. Y de esto hace años.

Ten en cuenta que los vendedores de telefonía móvil están entrenados para no aceptar un no por respuesta, por lo que pueden llegar a ser muy insistentes. Pues bien, según mi experiencia, lo intentan dos o tres veces, muchas más de lo que lo intentarán tus seres queridos.

El entrenamiento en asertividad y habilidades sociales es un aprendizaje para toda la vida. Absolutamente todos los días podrás poner en práctica estas habilidades. Habrá situaciones en las que ser asertivo no dará los frutos que esperas, pero en general, si incorporas a tu repertorio de recursos estas técnicas, poco a poco verás cómo tus relaciones sociales se ven reforzadas.

No es una tarea fácil. Interiorizar estas nuevas actitudes va a suponer todo un reto. No basta con que leas las páginas de este libro, como con todas las técnicas que te he ido mostrando, necesitarás ponerlas en práctica para ir dominándolas poco a poco.

Necesitarás interaccionar con otros seres humanos para adquirir cierta habilidad y destreza en el manejo de estas técnicas asertivas. Que esto no sea un problema: tómalo como una oportunidad para ampliar tu círculo de amistades. Recuerda que en el capítulo 2 te pedí que fomentaras el contacto social con otras personas: entrenar este tipo de habilidades también va a permitirte mejorar esa área de tu vida. Los seres humanos somos animales preparados para vivir en grupo, por lo que necesitamos de nuestros iguales para conseguir un equilibrio emocional. Te animo a que pongas en práctica desde ya todo lo que estás aprendiendo en este capítulo.

Ejercicios prácticos

Semana 9

Vamos a practicar poco a poco las técnicas que te he ido mostrando. Dedicaremos la primera semana a incorporar a nuestro repertorio de habilidades la capacidad para hacer críticas asertivas.

Es una cuestión delicada, por lo que puedes seleccionar una situación habitual en tu vida en la que alguien hace algo que te molesta. Es recomendable que elabores un guion sobre lo que vas a decir para evitar quedarte en blanco o que te dejes llevar por las emociones y digas cosas que no quieres. También puedes ensayar delante de un espejo, imaginándote que hablas con esa persona. Verte reflejado te dará información sobre tu conducta no verbal y podrás ir puliendo poco a poco los detalles que creas que se pueden mejorar.

Otra opción muy interesante es que pidas a alguien de confianza que practique una conversación ficticia contigo, simulando que haces la crítica asertiva. Esto se llama *role playing* y ayuda muchísimo en el desarrollo de las habilidades sociales.

Lo que quiero que hagas esta semana es seleccionar una conducta de alguien cercano para hacer una crítica asertiva. Al ser la primera vez, selecciona algo que no sea demasiado importante. Poco a poco, conforme ganes soltura, podrás ir haciendo críticas cada vez más comprometidas o difíciles para ti. Ten en cuenta que es como andar en bici, una vez que aprendes a hacerlo, no se olvida, y con la práctica poco a poco te harás un maestro de la asertividad.

Sírvete de la tabla 26 para planificar tu discurso paso a paso.

Tabla 26. Guion para realizar una crítica asertiva

Señalar algo positivo de la otra persona	
Describir detalladamente la conducta que nos molesta	
Empatizar con la otra persona	
Comunicar nuestros sentimientos	
Ofrecer una alternativa	
Dar las gracias por la atención	

Semana 10

Después de haberte atrevido con una crítica asertiva, es hora de que empieces a incorporar a tu repertorio de conductas la capacidad para recibir críticas.

En primer lugar, utiliza las técnicas del «banco de niebla» y del «disco rayado». Recuerda que están pensadas para ser utilizadas en situaciones en las cuales recibimos una crítica de una persona poco importante para nosotros o en una situación en la cual no estamos dispuestos a hacer un cambio.

La primera tarea de esta semana será elaborar una lista de situaciones habituales, que se repiten en el tiempo, en las que recibes críticas poco constructivas. Una vez hecha, programa para estas situaciones una respuesta tipo «banco de niebla». Si la persona insiste tras tu respuesta, utiliza el método del «disco rayado».

Al igual que te recomendaba unas páginas atrás, es buena idea practicar delante de un espejo o con una persona de confianza. Puedes jugar a simular la situación en la que te hacen una crítica y dar la respuesta asertiva.

Como con todas las técnicas de este libro, la clave para adquirir destreza es la práctica. Necesitarás dedicar tiempo a interiorizar la teoría, sin olvidar la práctica en tu día a día. Para evitar que el salto sea demasiado grande y que te dejes llevar por la emoción o te quedes en blanco, puedes utilizar la técnica del *role playing*, tanto solo como acompañado.

Por otro lado, quiero que seas capaz de recibir, por lo menos, una crítica asertiva esta semana. Es muy probable que no seas capaz de hacerlo de forma demasiado eficaz. No pasa nada, estás practicando y al tratarse de una situación de la vida real, seguramente no estés preparado y caigas en antiguos patrones de pensamiento y comportamiento. Lo interesante es que seas capaz de reflexionar *a posteriori* e imaginar cómo hubiese sido la situación si hubieras hecho una recepción asertiva de esta crítica. Con el tiempo y la práctica, llegará algún día en el cual seas capaz de pedir a tu interlocutor que te describa los detalles de ese comportamiento objeto de crítica, que especifique el tiempo y el lugar, que te cuente cómo le hizo sentir y que te inspire para cambiar.

Una vez que hayas hecho la reflexión, puedes buscar a esa persona cuya crítica no recibiste de forma asertiva y pedirle que te escuche y que te cuente. De esta manera adquirirás destreza en pocas semanas.

Semana 11

Llegó el momento de generalizar las conductas aprendidas. Es tiempo de que incorpores a tu mochila de recursos este tipo de respuestas asertivas.

Quiero que intentes responder con lo aprendido siempre que se dé la situación apropiada. Al principio, verás que en muchas ocasiones no eres capaz, y te darás cuenta después de un rato de que podías haber puesto en marcha una de estas técnicas. No te culpes, detectar las situaciones es el primer paso.

Sobre todo, intenta no machacarte con pensamientos automáticos negativos del tipo «debería haber dicho...». Nadie es asertivo en todas las ocasiones. Lo que pretende el entrenamiento en habilidades sociales es que poco a poco seas capaz de comunicarte con eficacia con los demás. Con responder de forma asertiva el doble de ocasiones que lo hacías antes experimentarás un cambio significativo en tu vida.

Verás cómo los demás te tratan a ti y a tu tiempo con respeto. Se darán cuenta de que de verdad te valoras, por lo que empezarán a hacerlo ellos también. Es un proceso lento, pero efectivo. Ve pasito a pasito y con calma, porque el cambio es profundo. Vamos lentos porque vamos lejos...

El proceso será como aprender a conducir. Al principio no sabrás muy bien lo que haces, después empezarás a percibirte más competente, aunque necesitarás prestar mucha atención para finalmente detectar y usar las técnicas de forma semiautomática.

Al final del proceso ni siquiera te darás cuenta de que estás siendo asertivo. Simplemente será algo que forme parte

de ti. Acuérdate de cuando aprendiste a multiplicar. Seguramente las primeras semanas te costaba muchísimo y tenías
que pensar para llegar a la solución. Hoy haces esos cálculos
mentalmente y no te das cuenta de que estás utilizando la
tabla del siete. Simplemente te sale solo.

Técnica opcional 4. Perdón

En mi ejercicio profesional me he encontrado con muchas
personas a las que el rencor o la culpa no las deja avanzar. La
técnica que te presento en este capítulo va encaminada a regular estas emociones.

La vida a veces nos da golpes de los que es difícil recuperar-
se. En nuestro camino aparecen personas que en ocasiones nos
hacen daño. Ante estas situaciones las emociones que surgen
pueden llegar a ser muy adaptativas. Como ya te he comentado,
hemos evolucionado en un medio en el cual vivíamos en pequeñas comunidades y las emociones nos ayudaban a permanecer
unidos. Pero en ocasiones estas reacciones corporales se mantienen en el tiempo, y la intensidad, la frecuencia y la duración
son tan altas que influyen negativamente en nuestra vida.

En otras ocasiones, somos nosotros los que les hacemos
daño a otras personas. Puede que no a propósito, pero la
emoción de culpa aparece. Si haces un ejercicio de imaginación e intentas visualizar cómo era la vida hace ciento
cincuenta mil años, seguramente entenderás por qué esta
emoción era tan útil. Supón que has hecho algo que al jefe
de tu tribu no le hace mucha gracia. Si él decide desterrarte,
las oportunidades de sobrevivir son mínimas. Por eso el cerebro ha evolucionado para hacernos sentir culpables. Lo
que nos pide esta emoción es que reparemos el daño ocasionado. Somos los nietos de los nietos de los nietos de aquellos que se sintieron culpables. Los que no intentaron reparar
el daño que ocasionaron seguramente acabaron muertos,
por lo que sus oportunidades de tener descendencia fueron
menores.

En muchas ocasiones nos encontramos con que otras personas nos hacen daño o nos ofenden. La reacción natural es causar un daño similar, deseo de venganza o evitar a esa persona.

Lo que pretendo es que aprendamos a perdonar. A dejar ir esas emociones de odio, rencor, tristeza, ansiedad e ira que nos consumen poco a poco cuando nos quedamos «enganchados» en un hecho del pasado. Generalmente, cuando alguien comete una ofensa contra nosotros, además de la reacción emocional descrita, dejamos de ir a lugares o de hacer actividades por no encontrarnos cara a cara con quien nos ha hecho daño.

Cuando perdonamos sustituimos esas reacciones negativas por sentimientos y actitudes positivas. No pretendemos ni reconciliarnos con la persona que nos ha perjudicado, ni justificar, ni excusar ni olvidar. El perdón se hace para uno mismo, para conseguir mejorar nuestro bienestar emocional y distanciarnos del dolor. Es algo que requiere tiempo y trabajo, no podemos pretender conseguirlo de la noche a la mañana. Incluso puede que no estemos preparados para ello o que no sea nuestro momento. Pero realizar los ejercicios que te propongo puede ser muy beneficioso para disminuir el dolor a largo plazo.

Si prestas atención a quienes han sido víctimas de atentados terroristas y psicológicamente están bien, verás que en ellos casi se repite una constante: en la mayoría de los casos, refieren haber perdonado a los responsables del atentado. Es una forma de seguir adelante, de no quedarse atrapado en el dolor. Aprovechan una situación tan dura para crecer después de trauma.

Al hablar de la gratitud, mencioné el *crecimiento postraumático*; esta técnica ayuda muchísimo a fomentar ese tipo de procesos. Para aprender a perdonar es muy importante la empatía; por ello, lo primero que tenemos que hacer es ponernos en el lugar del agresor. Por supuesto, no es nada fácil. Llegar a perdonar a alguien que nos ha ocasionado mucho dolor es una tarea tremendamente difícil, pero hay muchísimas personas que lo han conseguido. ¿Por qué no tú?

Cierto es que también hay que encontrar el momento adecuado. Si estás inmerso en el cambio de pensamientos automáticos negativos, es probable que seas incapaz de ponerte en la piel del otro. Tus emociones de tristeza y de ansiedad estarán sesgando tu pensamiento. No pasa nada, date tiempo y encuentra tu momento.

Las ventajas de perdonar son muy numerosas. Entre ellas está sentir menos odio, menos hostilidad, menos ira, menos ansiedad y menos tristeza. Además, las personas que perdonan con facilidad son más felices, sanas, agradables y serenas.

La tarea de hoy es aprender a ser perdonado. Para ello, quiero que dediques unos minutos a recordar alguna situación en la que fuiste perdonado. Responde por escrito a las siguientes preguntas.

—¿Cómo te comunicaron que te perdonaban?
—¿Cuál fue tu respuesta?
—¿Por qué crees que lo hicieron?
—¿Se beneficiaron de haberte perdonado?
—¿Te beneficiaste tú o se favoreció la relación con el perdón?
—Esa experiencia ¿te ayudó a cambiar o a crecer?
—¿Cómo percibes en la actualidad esa vivencia?

Voy a contarte una situación en la que un amigo me perdonó para que tengas alguna referencia de cómo se hace el ejercicio. Los hechos ocurrieron hace ya muchos años. Para que conozcas el contexto, he de decir que este amigo y yo teníamos una relación en la que nos soltábamos pullas cariñosas habitualmente. Era la forma de decirnos que nos queríamos. Lo que ocurre es que este estilo tan particular de comunicación a veces se vuelve en nuestra contra. Era sábado por la tarde, estábamos toda la pandilla reunida tomando algo. Veníamos de jugar futbol y todos estábamos en pants. Apareció él, muy elegante, ya que venía de una cita con su novia, y a mí no se me ocurrió otra cosa que ponerle un apodo. La verdad es que no le hizo ninguna gracia. Al día siguiente me mandó un correo diciéndome que siempre me estaba metiendo con él y que ya no aguantaba más.

Confieso que me quedé sorprendido, puesto que yo no era consciente de haberlo llevado hasta el límite. Él tampoco había sabido transmitírmelo (la técnica de la asertividad nos evita caer en estas situaciones). Pues bien, estuvimos mucho tiempo sin apenas tener contacto. Yo le echaba muchísimo de menos, hasta que pasados los meses forzamos la situación, yéndonos de vacaciones juntos.

A partir de esta experiencia, veamos cómo completé la ficha de trabajo.

Tabla 27. Modelo de ficha de trabajo para aprender a ser perdonado

Recuerda alguna situación en la que fuiste perdonado. Responde por escrito a las siguientes preguntas.	
1. ¿Cómo te comunicaron que te perdonaban?	Una noche, estando de vacaciones, saqué el tema y le pregunté directamente.
2. ¿Cuál fue tu respuesta?	Le volví a pedir perdón y le pedí que si alguna vez sentía que le decía algo que no le gustara, que por favor me lo dijera. Que a veces no me daba cuenta de mi comportamiento.
3. ¿Por qué crees que lo hicieron?	Lo hizo porque valoraba más nuestra amistad que la ofensa. Entendió que yo no había querido hacerle sentir de esa manera.
4. ¿Se beneficiaron de haberte perdonado?	Sí, ahora volvemos a ser muy buenos amigos. Pasamos todo el tiempo que podemos juntos.
5. ¿Te beneficiaste tú o se favoreció la relación con el perdón?	Por supuesto, recuperé una amistad que valoraba muchísimo y que hoy valoro aún más.
6. Esa experiencia ¿te ayudó a cambiar o a crecer?	Sí, me di cuenta de que a veces decir «te quiero» es mucho más efectivo que lanzar pullas cariñosas.
7. ¿Cómo percibes en la actualidad esa vivencia?	Creo que fue una experiencia que me ayudó a ser mejor persona. Entendí que la lengua podía perderme muchas veces.

Como ves, tanto mi amigo como yo salimos muy refor-
zados de la discusión. Ahora mantenemos una bonita amistad, muy cercana, que hubiéramos perdido de no haber sido
perdonado.

Hacer este ejercicio va a ayudarte a ver las ventajas que
tiene el perdón. En las próximas páginas ahondaremos en
este tema.

Te dejo una ficha vacía para que te sea más fácil empezar
a utilizarla.

Tabla 28. Ficha de trabajo para aprender a ser perdonado

Recuerda alguna situación en la que fuiste perdonado. Responde por escrito a las siguientes preguntas.	
1. ¿Cómo te comunicaron que te perdonaban?	....
2. ¿Cuál fue tu respuesta?	....
3. ¿Por qué crees que lo hicieron?	....
4. ¿Se beneficiaron de haberte perdonado?	....
5. ¿Te beneficiaste tú o se favoreció la relación con el perdón?	....
6. Esa experiencia ¿te ayudó a cambiar o a crecer?	....
7. ¿Cómo percibes en la actualidad esa vivencia?	....

Una vez realizada esta actividad, vamos a ir más lejos,
aunque no hace falta que lo hagas todo el mismo día. Quiero
que escribas una carta pidiendo perdón por algún agravio que
hiciste a alguien en el pasado.

Yo llevo haciendo este ejercicio desde que era muy joven. La verdad es que lo hacía mucho antes de estudiar psicología, porque notaba que me ayudaba a «soltar» lo que me quemaba por dentro. Como me gustaba mucho la música y tocar la guitarra, lo hacía en forma de canciones. Menos mal que canto fatal y nunca llegaron a ver la luz.

No tienes por qué mandar la carta si no quieres. Hay veces que es imposible, porque ya no tenemos contacto con esa persona o porque nos puede ocasionar más desventajas que ventajas. Simplemente quiero que la escribas.

Al plasmar en el papel cómo nos sentimos, dotamos a nuestro discurso de cierta coherencia, por lo que parece que ayudamos al cerebro a procesar mejor el acontecimiento. Por ello, bajan la intensidad, la frecuencia y la duración de nuestras emociones negativas. Esto no quiere decir que no lo vayas a pasar mal escribiendo. Puede que te remueva por dentro, pero no te preocupes. Si ves que te alteras mucho, programa una actividad agradable para después.

La estructura de la carta es la siguiente.

Primero, describe con detalle qué hiciste para perjudicar a alguien. Dónde estabas, con quién, qué sentías, qué pensabas y qué hiciste. Intenta dar todos los detalles que recuerdes.

Después, reconoce que estuvo mal. Describe por qué crees que no hiciste lo correcto. ¿Qué valores crees que vulneraste? De nuevo, intenta ser generoso con tu descripción.

En tercer lugar, describe el daño que crees que hiciste. ¿En qué medida supusieron tus actos una influencia negativa para la otra persona? ¿Qué ámbitos de su vida se vieron afectados? Intenta ser lo más preciso posible.

En cuarto lugar, discúlpate. Simplemente pide perdón, muéstrate arrepentido si genuinamente lo estás.

Por último, si es posible, ofrece una reparación por el daño cometido. Hay veces que no resulta viable, pero en muchas otras ocasiones se puede compensar el daño realizado de alguna forma.

Como te he dicho antes, no hace falta que envíes la carta, pero si crees que puede beneficiarte en algo, es muy recomendable que lo hagas. Verás cómo la relación con esa persona mejora sustancialmente.

Te dejo la carta de perdón que le hubiera escrito yo a mi amigo en la situación que te comentaba unas páginas atrás.

> Querido A.:
>
> Hace unos años, cuando nos encontrábamos todos tomando un refresco después de jugar al futbol, al llegar tú tan arreglado, te puse un apodo que entiendo que pudo herir tus sentimientos. Sé que no fue la forma correcta de tratarte. Vulneré los valores de nuestra amistad faltándote al respeto. No fui fiel a la relación que nos une. Me equivoqué, di más importancia a hacer reír a los demás que a nuestra amistad.
>
> Sé que seguramente te sentiste traicionado. Puede que te sintieras humillado por el que considerabas tu amigo. O que estabas dando más tú que yo en esta relación.
>
> De verdad, siento haberme comportado de esa manera. No fue mi intención herir tus sentimientos. Espero que, si alguna vez vuelvo a hacer algo parecido, me lo digas al momento para ayudar a cambiar mi forma de actuar.
>
> Un abrazo,
>
> Jesús

Me ha quedado un poco escueta, pero es que no quiero dar detalles de la situación. No quiero que se vuelva a enfadar conmigo. Solo quiero que entiendas el concepto.

Ahora te toca a ti. A continuación, te dejo una guía para ayudarte a escribir la carta de perdón.

Tabla 29. Guía para escribir una carta pidiendo perdón

1. ¿Qué hiciste para perjudicar a alguien? ¿Dónde estabas? ¿Con quién? ¿Qué pensabas en ese momento? ¿Cómo te sentías?	....
2. Reconoce que estuvo mal. ¿Qué valores vulneraste? ¿Por qué no fue lo correcto?	....
3. Describe el daño que le hiciste a la otra persona. ¿En qué medida resultó perjudicada? ¿Qué áreas de su vida se vieron afectadas?	....
4. Redacta una disculpa sincera.	....
5. Si es posible, ofrece compensación por el daño ocasionado. ¿Qué puedes hacer para repararlo?	....

Ya nos hemos puesto en la otra parte y hemos visto que realmente podemos estar arrepentidos. Es fundamental que hagas este ejercicio para fomentar la empatía con las personas que han podido causarte daño. Además, con este ejercicio mejorarás a la larga tus relaciones sociales. Aprenderás que mostrar tus sentimientos no es algo malo, sino todo lo contrario, ya que favorece mucho tu salud física y mental.

Puede que las personas a las que hemos hecho daño ni siquiera se planteen que no lo hicimos adrede o que nos carcome la culpa. Ya hemos dado el primer paso, hemos conseguido empatizar con la otra parte.

Ahora voy a pedirte que escribas una carta perdonando a alguien que te hizo daño en el pasado. Se parece bastante a la carta anterior, pero en este caso debes situarte «en la otra parte». Soy consciente de que es un ejercicio difícil, por ello te recomiendo que, como seguramente es la primera vez que haces algo así, escojas algo sencillo de perdonar. Simplemente para tener soltura e ir experimentado las sensaciones y las emociones que te produce. Además, te convencerás de los beneficios del perdón, sentirás más control sobre tus pensamientos y emociones, menos tristeza y menos respuestas fisiológicas de estrés. Una vez que hayas completado el proceso, puedes escoger situaciones más difíciles de perdonar.

Quiero que imagines el perdón. Busca un lugar apartado y tranquilo donde puedas ponerte cómodo. Necesitas solamente diez minutos de tranquilidad. Puedes grabar en audio el siguiente texto y escucharlo mientras haces el ejercicio.

Identifica mentalmente a una persona que te haya hecho daño. Tráela a tu imaginación con todos los detalles que puedas. ¿Cómo va vestida? ¿Cómo se mueve? ¿Cómo es su voz? ¿Cómo huele?

Recuerda con todo detalle la situación o las situaciones en las que te hizo daño. ¿Qué ocurrió? ¿Dónde estabas? ¿Qué sentiste? ¿Qué pensaste?

Usa la imaginación para identificarte con ella y concederle tu perdón. Intenta ver la situación desde su perspectiva. ¿Por qué crees que lo hizo? ¿Tenía alternativas? ¿Qué circunstancias la llevaron a actuar de esa manera? Intenta ser benévolo con tus explicaciones.

Mientras sientes la respiración, céntrate en la ira y en tu hostilidad, e intenta desprenderte de ellas. No las bloquees, simplemente míralas desde lejos y deja que se disuelvan poco a poco.

Intenta sentir compasión por la persona que te hizo daño y ser benévolo con ella. Presta atención a los pensamientos que te vienen a la cabeza y a las emociones que sientes en tu cuerpo.

Puede que te hayas quedado algo revuelto después de este ejercicio, sobre todo si has elegido a una persona que te ha hecho mucho daño. Te felicito, has dado un paso muy grande. Prestar atención a las emociones y reconocerlas es un paso muy importante para el proceso de regulación emocional.

Si te notas decaído o ansioso, programa una actividad agradable para hacer después de este ejercicio. A estas alturas del libro, si has seguido mis instrucciones, habrás observado los beneficios de incorporar este tipo de actividades a tu día a día.

Una vez realizado este ejercicio, estás preparado para escribir una carta de perdón.

En primer lugar, describe con todo detalle posible el agravio: cómo ocurrió, dónde, quién estaba presente, cuándo fue y qué fue exactamente lo que te hizo.

Después, describe cómo te afectó en aquel momento. ¿Cómo te sentiste? ¿Qué pensaste? ¿Qué hiciste? ¿Qué áreas de tu vida se vieron afectadas?

En tercer lugar, describe cómo te afecta en la actualidad lo ocurrido. ¿Qué piensas ahora sobre lo que pasó? ¿Cómo te hace sentir?

En cuarto lugar, expón minuciosamente cómo te hubiera gustado que esa persona reaccionara. ¿Qué podría haber hecho? ¿Podría haber actuado de otra forma? ¿Te gustaría que te hubiera pedido perdón?

Por último, declara explícitamente tu perdón a esa persona.

Este es un método que funciona a largo plazo. Puede que tengas que escribir esta carta varias veces hasta que tus emociones de ira o de venganza sean menos intensas. Te animo a hacerlo, porque merece la pena.

Te dejo una muestra de carta de perdón que hice hace varios años. La escribí en una situación límite. Acababa de romper con una novia y a los pocos días de la ruptura decidió empezar una relación con otro chico. Hasta ahí todo normal, pero el problema es que se empeñó en que yo viera todo el proceso. Se empeñaba en besarlo en situaciones en las que yo estaba presente. Lo traía a las reuniones con amigos comunes y el ambiente era muy tenso. La verdad es que me hizo mucho daño y durante muchos meses arrastré una profunda emoción de rencor.

Esta es la carta que escribí.

En julio, recién terminada nuestra relación, decidiste empezar con otro chico. Todo el mundo tiene derecho a rehacer su vida, pero besarse y mantener una actitud cariñosa con él delante de mí, cuando tan solo habían pasado unos pocos días después de nuestra ruptura, me hizo mucho daño.

Al principio me sentí sorprendido. No podía creer lo que estaba viendo. Después me sentí traicionado. Sentía que me estabas faltando al respeto. Después de todo, la ruptura había sido amistosa. Me pareció que me hacías daño adrede. A partir de ese momento me sentí profundamente enfadado y triste, no podía dormir, no podía comer y no paraba de darle vueltas a esta situación.

Actualmente, sé que lo hiciste porque era tu forma de gestionar el duelo. Sé que no buscabas hacerme daño de forma gratuita. Ya no me duele recordar aquella situación. Incluso sigo teniéndote un cariño muy especial. Deseo que seas muy feliz y que mantengamos, a pesar de la distancia, nuestra amistad.

Me habría gustado que por lo menos hubieras tenido la precaución de que yo no te viera. Al menos los primeros días. Eras totalmente consciente de cómo me sentía, ya que te lo había dicho. Me habría gustado que no hubiera habido tanta tensión y que hubiéramos sabido llevar la situación de manera adulta.

Por supuesto, ya te he perdonado. Lo hice hace mucho tiempo, dejé pasar lo que me hacía daño y una vez elaborado el duelo entendí que fue tu manera de enfrentar la situación. También sé que para ti no fue fácil. Espero que seas muy feliz en tu vida y que no perdamos el contacto.

JESÚS

He de confesar que yo no mandé la carta, pero tras redactarla y rehacerla un par de veces, mi actitud con mi amiga cambió totalmente. De no hablarnos durante muchos meses, pasamos a tener una relación muy cordial. En la actualidad, ella vive a miles de kilómetros, pero nos vemos una vez al año más o menos y seguimos teniéndonos mucho cariño.

Te confieso que fue un proceso largo y duro. No fue nada fácil para mí dejar pasar aquella ofensa. Me costó muchísimo recomponerme, pero con esfuerzo comprendí que el perdón era para mí, no para ella. Al final, ella, con los años, me ha reconocido muchas veces que se portó muy mal conmigo y en la actualidad reímos al recordarlo.

No te agobies si al principio te cuesta regular las emociones. Es normal, seguramente estás intentando perdonar algo que te hizo mucho daño. Si ves que es demasiado difícil, intenta hacer el mismo ejercicio con una ofensa más sencilla. Así experimentarás las sensaciones asociadas a esta técnica, pero con menor intensidad, y podrás ir acostumbrándote poco a poco.

Ahora es tu turno. Como en ocasiones anteriores, te dejo una ficha para que te ayude en tu tarea. Espero que te animes a hacer el ejercicio, ya que los beneficios potenciales son muy grandes.

Tabla 30. Guía para escribir una carta concediendo perdón

1. Describe con todo detalle el agravio. ¿Dónde estabas? ¿Con quién? ¿Qué ocurrió? ¿Cuándo fue?	....
2. Describe cómo te afectó en aquel momento. ¿Qué sentiste? ¿Qué pensaste? ¿Qué sensaciones apreciaste en tu cuerpo? ¿Qué hiciste?	....

3. Describe cómo te afecta en este momento. ¿Qué sientes? ¿Qué sensaciones aprecias en tu cuerpo cuando piensas en ello? ¿Qué pensamientos te vienen a la cabeza?	....
4. Describe cómo te hubiera gustado que reaccionara esa persona. ¿Te habría gustado que se disculpara? ¿De qué otra forma podía haber actuado?	....
5. Haz una declaración explícita de perdón.	....

Curiosidades científicas

En este capítulo quiero introducirte en las técnicas que se usan para comprender el funcionamiento del cerebro. El desarrollo de la tecnología nos permite ver este órgano tan apasionante en tiempo real. En los últimos años la evolución ha sido impresionante. Ten en cuenta que hace cien años, la única manera que teníamos de acercarnos a esta parte del cuerpo era a través de las autopsias.

Mediante el uso de estas técnicas, la neurociencia se encarga de ver el funcionamiento de las diferentes áreas del cerebro en determinado momento. Esta información se obtiene mediante técnicas de neuroimagen. Existen dos tipos: las técnicas de neuroimagen estructural y las de neuroimagen funcional. Las primeras serían fotografías del cerebro en un momento determinado, y las segundas, videos del funcionamiento del cerebro mientras desarrollamos una tarea.

Entre las técnicas de neuroimagen estructural se incluyen la tomografía axial computarizada (TAC) o la resonancia magnética. Entre las de neuroimagen funcional, la tomografía por emisión de positrones (TEP), la tomografía computarizada por emisión de fotones simples (SPECT, por sus siglas en inglés) o la resonancia magnética funcional. Seguramente te suenen mucho más las técnicas de neuroimagen estructural, ya que son más comunes en los procesos de diagnóstico cotidianos.

Algunas de estas técnicas observan la actividad metabólica del cerebro; es decir, miden el consumo de glucosa en las diferentes zonas. Así podemos saber qué áreas están implicadas en determinados procesos o patologías.

Debido a los altos costos de estas técnicas hay muy pocos estudios del funcionamiento del cerebro en episodios depresivos antes y después de la terapia psicológica. No obstante, Brody y sus colaboradores (2001) encontraron que el área prefrontal se encontraba más activada de lo normal en pacientes con síntomas de depresión que en individuos sin síntomas. Tras una intervención de terapia cognitivo-conductual (muy parecida a la que te propongo en este libro), la activación de estas áreas se normalizó. En la misma línea, Goldapple y sus colaboradores (2004) comprobaron un descenso del metabolismo en el área prefrontal tras intervenciones psicoterapéuticas de orientación cognitivo-conductual. Es decir, que la intervención psicológica cambia el funcionamiento del cerebro. Por fin sabemos que no estamos atados a la biología: el cerebro es modificable y cambia con la experiencia.

De todas formas, estamos descubriendo solamente el principio. Aún nos queda muchísima investigación por realizar para saber exactamente lo que ocurre bajo nuestros cráneos.

6

SOLUCIÓN DE PROBLEMAS

No podemos resolver problemas pensando
de la misma manera que cuando los creamos.

Albert Einstein

A todos nos ha pasado alguna vez tener una situación sin resolver en nuestra vida que nos quita el sueño: nos acostamos preocupados por el problema y nos levantamos con él en la cabeza. Generalmente, este tipo de situaciones no tiene una solución clara. Es decir, cualquier decisión que tomemos tiene sus pros y sus contras.

La técnica que te propongo en este capítulo tiene como objetivo la búsqueda de la mejor solución posible para estas situaciones. No está pensada para resolver cuestiones sin solución; que no son problemas, son dificultades de la vida que no tenemos otra opción que aceptar.

Los problemas son algo inherente a la propia existencia, por lo que intentar evitarlos es una tarea perdida desde el inicio. Tenemos que aceptar que aparecerán y que afrontarlos de una forma activa, en general, será el modo más rápido y menos doloroso de superar este tipo de situaciones.

Hemos de despegarnos de la concepción de que hay una solución perfecta para todas las situaciones difíciles. Debemos ser más flexibles. Tenemos que aceptar que en muchas ocasiones la vida nos va a poner a prueba y que afrontaremos los obstáculos de la mejor forma que podamos, renunciando a encontrar una solución perfecta.

Muchas veces, cuando nos sentimos tristes, el estilo de afrontamiento que adoptamos es la negación o la evitación de los problemas. Es totalmente normal. Si recuerdas el apartado sobre la regulación emocional, la tristeza nos empuja a estar menos activos y más reflexivos, por lo que es natural que nuestro cerebro nos empuje a darle vueltas a la cabeza y a no hacer absolutamente nada. Como casi siempre, se trata de una estrategia muy útil a corto plazo, pues nos libera del esfuerzo de hacer frente a las dificultades, pero a largo plazo se hace ineficaz, pues muchos problemas no se solucionan solos.

Cuando aprendes a hacer frente a las situaciones difíciles poco a poco te conviertes en una máquina de afrontar dificultades. De forma paulatina, la realidad te va demostrando que eres capaz de lidiar con el temporal y tu autoconcepto cambia. Pasamos de pensamientos anticipatorios del tipo «No seré capaz» a otros mucho más adaptativos, como «Seguramente me pondré nervioso, pero en ocasiones anteriores he salido victorioso, así que voy a intentarlo».

Con este cambio de actitud, tus emociones serán mucho más suaves y te prepararán para actuar con eficacia. La ansiedad dejará de paralizarte para dotarte de la energía necesaria para afrontar activamente el problema.

El esquema básico de la técnica es el siguiente.

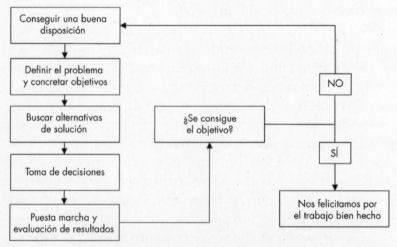

Figura 13. Cómo afrontar los problemas.

Cuando decidí dejar de tener jefe y lanzarme a la aventura de emprender mi propio negocio, te aseguro que lo único que no me faltaba eran dudas. Daba vueltas en la cabeza a las posibles desgracias que podían ocurrir en el camino. Los pensamientos negativos anticipando las grandes dificultades del proceso me paralizaban y me impedían emprender una acción. Me encontraba en una situación emocionalmente límite. Estaba atrapado en un trabajo que no me gustaba, y vivía un día a día que me generaba estrés y dinamitaba mi estado de ánimo. Tenía poco apoyo social en la ciudad donde residía, y mis amigos y mi familia estaban lejos.

La situación empezó a revertirse el día que comencé a encarar el problema. Me situé en una perspectiva en la que aceptaba que había algo que no me gustaba. Si quería cambiar mi situación tenía que hacer algo. Definí el problema de forma objetiva. Lo que yo quería era dedicarme a la psicología, dedicar el tiempo necesario a cada persona para que pudiese mejorar su vida y que esta actividad me diera los ingresos necesarios para disfrutar de tiempo libre y dedicárselo a mis amigos, a mi familia y a mis aficiones.

Las soluciones posibles eran muchas, podía empezar a presentar currículos en otras clínicas, buscar un trabajo fuera de la psicología y hacer un voluntariado como psicólogo para satisfacer mi ansia por ayudar a los demás, o montar un consultorio que funcionara como yo quisiera.

A la hora de tomar decisiones, hubo determinados criterios que tuve en cuenta. Por ejemplo, las ganas de hacer una terapia basada en estudios científicos hacían que la opción de trabajar para alguien ajeno perdiera el atractivo. Si trabajaba para otro, yo no sería el encargado de elegir qué tipo de psicología aplicar. A su vez, mi ansia de libertad para poder dedicar tiempo a los míos y a mí mismo también desempeñó un papel importante. Al trabajar para otros, no puedes decidir tu horario y en general trabajas muchas horas, por lo que la opción de crear mi propia consulta ganó muchos puntos.

Lo tenía claro, solamente me faltaba tirarme a la piscina. Reconozco que el despido fue un facilitador importante. Fue una bofetada para reaccionar y enfrentar la situación que tenía entre manos. Ya sabía hacer terapia, ya sabía mucha psicología, lo que no sabía era cómo conseguir pacientes. Pero como ya había tomado la decisión y había aceptado que sería un camino repleto de dificultades, pronto enfrenté el problema. Decidí formarme en marketing para saber realmente qué necesitaba incorporar a mi negocio para atraer a los primeros pacientes. En pocas semanas, sorprendido, vi que había muchas personas interesadas en mi forma de trabajar. A los pocos meses ya tenía un negocio rentable que me permitía tener la vida que ansiaba tanto.

Te cuento esta parte de mi historia para animarte a que actúes, para que encares las dificultades de una forma activa. Los problemas no se van a solucionar por sí solos y nadie va a sacarte de todas tus dificultades, así que no te queda otra que empezar a aprender a solucionar problemas. Voy a presentar el proceso paso a paso, para que sepas exactamente lo que tienes que hacer en cada momento.

Pero antes, volvamos al caso de Miguel. En una de las últimas etapas de su recuperación, se le presentó una situación desagradable. Si te acuerdas, el motivo de consulta de Miguel era el estado emocional tras la muerte de su madre. Pues bien, la señora tenía unos terrenos que dejó en herencia a sus cuatro hijos.

La situación fue fuente de discusiones en la familia, lo que le provocaba un gran estrés a Miguel. Al principio, lo paralizaba y le costaba muchísimo tomar una decisión al respecto. Él era abogado, pero no quería tomar parte en el conflicto, puesto que podía suponer la ruptura con uno de sus hermanos en particular. Pronto se dispuso a afrontar la situación de forma activa. Se dio cuenta de que, si no tomaba cartas en el asunto, el conflicto no se resolvería. Lo ayudé a definir el problema y a establecer un objetivo. Su principal preocupación era la familia, por lo que la parte económica quedaba en segundo plano. El problema real era qué podía hacer él para que el reparto de la herencia no deteriorara la relación con sus familiares.

Generamos un montón de soluciones posibles, algunas de ellas totalmente absurdas y disparatadas, pero otras muchas fueron grandes ideas. Después, valoramos cada una de las posibilidades en función de los criterios que él creyó más importantes. En primer lugar, puso la buena relación de la familia —para él era lo más importante—; en segundo lugar, señaló que el reparto fuese justo; y en tercer lugar, el criterio económico.

Al final, la solución que obtuvo más puntuación fue poner en venta los terrenos, encargando su avalúo a un perito ajeno al despacho de Miguel. Sus hermanos acogieron la solución con buena disposición y al final uno de ellos, que estaba interesado en quedarse con las tierras, decidió pagar a los demás la parte proporcional. La familia de Miguel se mantuvo unida y consiguió superar la muerte de su madre, que al final era lo que realmente les importaba a todos.

Como ves, el proceso fue costoso, pero conseguimos que llegara a buen puerto. No te preocupes si te sientes perdido, porque analizaremos el proceso paso a paso. ¡Vamos a ello!

Disponerse de forma adecuada frente al problema

Conseguir una buena disposición es el primer paso. Es decir, debemos dejar de evitar los problemas y aceptar que forman parte de nuestra vida. Ya vimos en los capítulos anteriores cómo los pensamientos automáticos negativos fomentaban una mala disposición para la solución de situaciones. En cambio, los pensamientos adaptativos nos ayudan a afrontar aquello que nos preocupa. Nos ponen en la disposición adecuada para superar las situaciones difíciles.

Como ya comenté, evitarlos o negarlos no es una buena forma de hacer frente a los problemas. Es la táctica del avestruz, meter la cabeza debajo de la tierra para no ver el peligro. El problema es que por mucho que cerremos los ojos, el peligro sigue ahí afuera. Lo mejor es aceptar que existe una dificultad y preguntarnos nosotros mismos qué podemos hacer para superarla.

Yo pasé muchos meses de mi vida en un trabajo que no me gustaba. Me consolaba poniendo parches, soñando que en algún momento la situación cambiaría. Pero la realidad me abofeteaba cada día. No era feliz. Los domingos por la noche apenas podía dormir anticipando la semana. Algo no iba bien. Tenía que dejar de evitar tomar cartas en el asunto.

Existen casos en los que hay una situación difícil que es inmodificable. Entonces no estamos ante un problema, puesto que los problemas —por definición— tienen solución. Por ejemplo, la muerte no es un problema, no tiene solución. Preocuparse o lamentarse por algo que no podemos controlar solo nos lleva a sentirnos ansiosos y frustrados. Como vimos en el capítulo anterior, cuando evaluamos la utilidad del pensamiento, nos damos cuenta enseguida de si la preocupación nos sirve para resolver el problema o si por el contrario solo nos hace sentir peor.

La mejor disposición posible es aceptar que no existen soluciones perfectas, que siempre que hagamos algo tendrá consecuencias, muchas de ellas impredecibles, pero que esto no sirva como excusa para quedarnos quietos. Tras una reflexión adecuada debemos actuar. Si la solución que hemos tomado no resuelve el problema, la reevaluamos y buscamos nuevas soluciones.

Básicamente, el trabajo que tienes que hacer para alcanzar una buena disposición a la hora de afrontar problemas es el que realizaste en los dos capítulos anteriores. La clave está en cambiar nuestra forma de percibir las situaciones para que nuestra orientación sea «hacia el problema». Aceptamos que lo tenemos y trabajamos para cambiar nuestra situación o nuestras emociones.

Como te explicaba antes, ante la idea de montar mi negocio, me asaltaban multitud de pensamientos automáticos negativos que me paralizaban. Me decía a mí mismo que era imposible que nadie me pagara por recibir una hora de terapia, que había crisis y que la gente no estaba dispuesta a invertir dinero en su bienestar. ¡No sabes cuánto me equivocaba! Hice un trabajo interno previo que consistió en fomentar una rutina que mejorase mi estado de ánimo y cambié todos los pensamientos automáticos negativos que me paralizaban. Justamente, el mismo trabajo que te estoy pidiendo que hagas en este libro.

Definir el problema y concretar objetivos

En este paso es en el que la mayoría fallamos. No sabemos definir bien los problemas, por lo que buscar soluciones se hace imposible. Somos muy poco precisos en este punto.

Hay dos grandes formas de definir los problemas: una, orientada al cambio de situación, y otra, orientada al cambio de las emociones que se sienten. En el primer caso, la definición engloba elementos ambientales externos; en la segunda, elementos emocionales internos.

Una buena definición siempre comienza con una buena predisposición, por lo que la orientación que le vamos a dar es la siguiente: «¿Qué puedo hacer yo para cambiar la situación?», o por el contrario: «¿Qué puedo hacer yo para cambiar las emociones que siento ante el problema?». Si me he explicado bien, encontrarás que podemos definir un universo de problemas amplísimo. Al comienzo de este capítulo, decíamos que hay determinadas situaciones que no tienen «solución» y la superación del problema pasa por el cambio de las reacciones emocionales. Por ejemplo, si definimos un problema de la siguiente forma: «¿Qué puedo hacer yo ante la muerte?», evidentemente la respuesta es «nada», ya que es un proceso biológico que no controlo, por lo que no puedo cambiar la situación. Pero si por el contrario mi definición es: «¿Qué puedo hacer yo para no sentirme triste ante la idea de que voy a morir?», la definición nos orienta a la búsqueda de soluciones, puesto que tenemos mucha influencia sobre las emociones.

Otro aspecto importante es ceñirse a los acontecimientos. Es decir, evaluar la realidad de la forma más objetiva que podamos. Tratar por todos los medios de corregir las distorsiones cognitivas que nos hacen sesgar la realidad. Veamos un ejemplo de cómo una distorsión nos puede llevar a una solución de problemas innecesaria. Si lo que planteamos es: «¿Qué puedo hacer yo para no ser tan imbécil?», como has visto en los dos capítulos anteriores y como llevas semanas detectando y cambiando pensamientos, te habrás dado cuenta de que esta evaluación de la realidad no es correcta y que en este planteamiento existen distorsiones cognitivas. Por el contrario, el planteamiento: «¿Qué puedo hacer yo para dejar de pensar que soy imbécil?», nos da margen de actuación, puesto que no tomamos como una realidad nuestro pensamiento, lo tomamos como lo que es, una percepción.

Para una correcta definición debemos ser lo más concretos posible y reducir al máximo el nivel de incertidumbre. Si es preciso, descompón el problema en varios problemas más pequeños. Define correctamente el espacio y el tiempo, no generalices y evita adjetivos poco precisos.

Un ejemplo de una definición poco específica sería: «¿Qué puedo hacer yo para dejar de ser tan perezoso?», puesto que no estamos teniendo en cuenta cuándo eres perezoso, dónde lo eres, ni estás definiendo qué es ser perezoso. Un planteamiento más adecuado sería: «¿Qué puedo hacer yo para ir a correr los miércoles a las siete de la tarde, cuando estoy en casa y no tengo ganas de salir?». Las soluciones que podemos plantear ante esta definición son mucho más sencillas que las que genera el primer enunciado.

Así que, como primer paso, quiero que definas el problema que te está preocupando. Ten en cuenta los siguientes parámetros:

—¿Quiero cambiar la situación o cómo me siento ante esa situación?
—¿Cuál es exactamente el problema?
—¿Cuándo se produce?
—¿Dónde se produce?

Tus respuestas han de ser descripciones ajustadas de conductas, y debes evitar adjetivos que generalicen y poco precisos.

Cuando yo me enfrenté a montar un negocio propio no era solamente un problema. Eran decenas de ellos. ¿Qué podía hacer para ganar suficiente dinero y cubrir gastos? ¿Cómo cumpliría la ley de protección de datos? ¿En qué ciudad montaría el consultorio? ¿Qué haría para atraer pacientes? ¿Cuánto cobraría por cada sesión? Y un largo etcétera. Cuando descompuse el problema inicial en pequeños problemas fue mucho más fácil tomar decisiones. Dejó de abrumarme, simplemente me enfocaba en la decisión más importante y urgente que tenía enfrente. Poco a poco me di cuenta que conforme avanzaban las semanas, mi proyecto iba tomando forma. El paso más difícil fue comenzar.

Vamos a poner unos cuantos ejemplos para verlo de forma más clara.

Tabla 31. Cómo enunciar las definiciones

Ejemplos de definiciones poco precisas	Ejemplos de definiciones bien construidas
—¿Qué puedo hacer yo para ser feliz?	—¿Qué puedo hacer yo hoy para incrementar mi bienestar tres puntos en dos meses?
—¿Qué puedo hacer yo para llegar a fin de mes?	—¿Qué puedo hacer yo para disponer de dinero el día 28 de febrero?
—¿Qué puedo hacer yo para que mis hijos vayan bien en el colegio?	—¿Qué puedo hacer yo para que mi hijo mayor saque buena calificación en biología en el próximo examen?
—¿Qué puedo hacer yo para adelgazar?	—¿Qué puedo hacer yo hoy para perder 2.6 kilos en un mes?

Tras una buena definición es hora de concretar metas. Es decir, ¿cuándo daré el problema por resuelto? Para ello has de buscar un objetivo concreto, que pueda ser evaluable. En el caso de los cambios de situaciones, la búsqueda de objetivos es más fácil, puesto que son cosas tangibles, que podemos percibir. No obstante, es importante ser muy precisos. No es lo mismo ponerse como meta ser más madrugador que levantarse 90 % de los días antes de las ocho de la mañana. En el segundo caso, es mucho más fácil dictaminar si hemos alcanzado nuestro objetivo.

Si son definiciones orientadas al cambio de emociones, los objetivos son más difusos, ya que no tenemos un termómetro que mida la tristeza. Sin embargo, podemos inventar un instrumento que evalúe cómo nos sentimos, puntuando de forma subjetiva el grado de bienestar de 0 (nada) a 10 (el bienestar más intenso que hemos sentido en la vida). Si apuntamos en una libreta cómo nos sentimos cada día, será fácil fijar un objetivo. En vez de «¿Qué puedo hacer yo para ser feliz?», podemos decir «¿Qué puedo hacer yo para que 60 % de los días sienta que mi bienestar es superior a cinco?».

Sé que te parece que estoy siendo demasiado puntilloso, pero de verdad que una buena definición contribuye de forma fundamental a hallar una solución eficaz.

Por ejemplo, ante el problema de «¿Qué puedo hacer yo para conseguir pacientes?», establecí un objetivo de diez pacientes a la semana. Una vez alcanzado ese objetivo, mi problema estaba solucionado. Evidentemente, cuando cumples un objetivo surgen nuevas dificultades, como «¿Qué puedo hacer yo si aparecen más pacientes de los que puedo atender?». Pero esa ya es otra historia.

Buscar alternativas de solución

Es el momento de dejar la lógica y la censura atrás. Es el momento de ser creativos. Ya tenemos nuestra definición del problema. Es hora de dar respuesta a la pregunta.

Muchas veces desechamos soluciones antes de siquiera procesarlas adecuadamente. Este paso busca fomentar el pensamiento creativo, por lo que es importante que intentes no autocensurarte. No te preocupes, en el siguiente paso evaluaremos cada una de las alternativas. Curiosamente, a veces, las soluciones que *a priori* nos parecen descabelladas cuando son analizadas con detenimiento resultan ser las mejores, por ello es de vital importancia que dejes tu juicio a un lado por el momento.

La regla básica de este paso es que no puedes censurar ninguna de las soluciones que se te ocurran. No las evalúes, simplemente escribe lo que te pase por la cabeza. Da igual que sea absurdo, que sea disparatado, que tenga consecuencias negativas, que sea imposible de llevar a cabo, etcétera. Es el momento de dejar la lógica de lado.

Como mínimo tienes que generar diez soluciones posibles. Verás que al principio es difícil, puesto que no estamos acostumbrados a dejar la lógica de lado, pero con la práctica lo harás cada vez mejor.

El principio que vamos a seguir es «cuanto más, mejor», la cantidad es lo que cuenta; en los pasos siguientes evaluaremos la calidad, pero por el momento intentemos generar el mayor número de soluciones. Ten en cuenta que en las grandes empresas cuando hacen tormentas de ideas no se dan por satisfechos hasta que no hay cien propuestas, y generalmente las de mejor calidad son las últimas cincuenta.

Para empezar, vamos a hacer un ejercicio. Quiero que plantees diez soluciones para los siguientes problemas. No te preocupes si son ridículas o ilógicas. En el próximo paso depuraremos las soluciones para elegir la mejor. Aunque los problemas no se adecúen a tu situación, intenta ponerte en la piel de alguien en esas circunstancias.

Tabla 32. Guías de búsqueda de soluciones

¿Qué puedo hacer yo hoy para incrementar mi bienestar tres puntos en dos meses?
1. ....
2. ....
3. ....
4. ....
5. ....
6. ....
7. ....
8. ....
9. ....
10. ....
¿Qué puedo hacer yo para disponer de dinero el día 28 de febrero?
1. ....
2. ....
3. ....
4. ....
5. ....
6. ....
7. ....
8. ....
9. ....
10. ....

¿Qué puedo hacer yo para que mi hijo mayor saque buena calificación en biología en el próximo examen?
1. ....
2. ....
3. ....
4. ....
5. ....
6. ....
7. ....
8. ....
9. ....
10. ....

¿Qué puedo hacer yo hoy para perder 2.6 kilos en un mes?
1. ....
2. ....
3. ....
4. ....
5. ....
6. ....
7. ....
8. ....
9. ....
10. ....

La segunda parte de este paso es desechar las soluciones que a primera vista son imposibles o tienen consecuencias muy negativas para ti o para los demás. Por ejemplo, si ante el problema «¿Qué puedo hacer yo hoy para perder 2.6 kilos en un mes?» has respondido «Cortarme un brazo», evidentemente las consecuencias negativas son peores que el problema de inicio, por lo que en el siguiente paso será desechada.

Cuando me encontraba atrapado en un trabajo que no me gustaba siempre censuraba las posibles salidas antes de evaluarlas. Por ejemplo, ante la idea de escribir un libro, siempre me decía que sería incapaz, que no tendría la disciplina y la constancia para hacerlo. Como te imaginarás, me equivocaba. Hasta que no me puse a analizar con detenimiento el problema, no evalué de forma adecuada las ventajas para mi carrera profesional de escribir un libro. Si te digo la verdad, no fue la primera de las soluciones que se me ocurrieron.

Para serte sincero, las primeras alternativas iban encaminadas a trabajar para alguien ajeno. Pensé en enviar currículos a todas las clínicas de España, pensé en reenfocar mi carrera hacia los recursos humanos, en buscar un trabajo fuera del sector y hasta en quedarme en la empresa en la que estaba y esperar un traslado. Finalmente, la idea de seguir por mi cuenta ganó por mucho. Alternativas como abrir una página web o escribir un libro salieron de las últimas búsquedas y, curiosamente, en el siguiente paso fueron las mejor valoradas.

Espero que hayas hecho el ejercicio anterior. Si no te viene la inspiración, aquí tienes las soluciones que a mí se me ocurrieron de forma espontánea. Las diez soluciones para el problema «¿Qué puedo hacer yo para disponer de dinero el día 28 de febrero?» las analizaremos en su apartado.

Tabla 33. Modelo de respuesta de búsqueda de soluciones

¿Qué puedo hacer yo hoy para incrementar mi bienestar tres puntos en dos meses?
1. Hacer deporte cuatro días a la semana.
2. Mostrarme amable siempre que pueda.
3. Mostrarme agradecido con mi vida.
4. Fomentar el apoyo social.
5. Irme a vivir fuera de la ciudad.
6. Incrementar las actividades agradables, como tocar la guitarra o viajar.
7. Invertir en experiencias en vez de hacerlo en objetos materiales.
8. Meditar diez minutos al día.
9. Comer de forma saludable.
10. Decirles a mis seres queridos que los aprecio cada día.

¿Qué puedo hacer yo para que mi hijo mayor saque buena calificación en biología en el próximo examen?
1. Animarlo para que estudie.
2. Premiar cada hora de estudio con media hora de videojuegos.
3. Pagar a un profesor particular.
4. Estudiar con él los temas a diario.
5. Llevarlo al museo de ciencias naturales para contagiarle mi entusiasmo por la biología.
6. Evitar comentarios que minen su autoestima en relación con los estudios.
7. Organizar un grupo de estudio con sus amigos en casa.
8. Sacarlo de alguna actividad extraescolar para que tenga más tiempo para estudiar.
9. Enseñarle técnicas de estudio.
10. Explicarle los temas.

¿Qué puedo hacer yo hoy para perder 2.6 kilos en un mes?
1. Hacer deporte cuatro veces a la semana.
2. Evitar comprar productos con grasas saturadas.
3. Dejar de comer productos con azúcares añadidos.
4. Pasarme a los refrescos *ligth*.
5. Ir andando al trabajo.
6. Ir a un dietista para que me haga un plan de comidas.
7. Hacer cinco comidas al día.
8. Comer por lo menos cuatro piezas de fruta a diario.
9. Dejar de utilizar ascensores.
10. Utilizar las bicicletas públicas en lugar de tomar el autobús.

Por favor, si tienes alguno de estos problemas, no te limites a copiar las soluciones que yo propongo. Simplemente son ejemplos, lo que quiero es que practiques tú. Verás cómo pronto agarras mucha soltura. Al principio puede costar, pero es como todo, la práctica hace al maestro, así que inverte tiempo, porque, de verdad, merece la pena.

Toma de decisiones

En este paso vamos a recuperar la lógica y vamos a añadirla al proceso. Es mi parte preferida, pero también la más delicada. Para evaluar las posibles soluciones al problema deberemos hacerlo en función de lo que es importante para nosotros.

Si has seguido los pasos anteriores, tendrás unas cuantas alternativas para afrontar la dificultad pertinente. Es el momento de seleccionar los parámetros con los cuales vamos a evaluar las alternativas. Me explico. Tenemos que seleccionar cuatro o cinco variables en función de las cuales evaluaremos nuestras posibles soluciones. Algunos de los criterios más comunes son la familia, el dinero, el tiempo, el trabajo, etcétera.

Pongamos un ejemplo que lo aclare un poco. Ante el problema «¿Qué puedo hacer yo para incrementar mi estado de ánimo a largo plazo?», podemos haber propuesto soluciones del tipo «Irme de vacaciones», «Cambiar de trabajo» o «Salir a caminar todos los días». Unos buenos criterios para este problema serían el económico, el tiempo o la viabilidad.

Es importante ponerlos todos por escrito de forma positiva; es decir, si uno de mis criterios es «dificultades para mi familia», debo convertirlo en «beneficios para mi familia». Esto es de vital importancia, pues al hacer el recuento final, si tenemos criterios positivos y criterios negativos, deberíamos hacer una conversión de las puntuaciones para poder compararlos. Para ahorrarnos este paso, redactamos los criterios de forma positiva.

Tras elegir nuestros criterios y redactarlos de forma positiva, el siguiente paso es puntuar de 0 (nada) a 10 (mucho) la importancia subjetiva que damos a estas variables. Por ejemplo, si para mí la familia es más importante que el dinero, deberé asignar una puntuación superior a «bienestar para mi familia» que a «ganar mucho dinero».

Una vez seleccionadas las variables que van a depurar nuestras soluciones, haberlas redactado en positivo y haber asignado una puntuación subjetiva a cada una, es el momento de ver cómo puntúan en cada una de ellas las diferentes soluciones. Es básico que la puntuación máxima que puede obtener cada solución en cada criterio sea la valoración subjetiva que le hemos dado antes. Te puedes ayudar con la tabla 34.

Tabla 34. Evaluación de soluciones

	Criterio 1 (0-x)	Criterio 2 (0-y)	Criterio 3 (0-z)
Solución 1			
Solución 2			
Solución 3			
Solución 4			
Solución 5			
Solución 6			
Solución 7			
Solución 8			
Solución 9			
Solución 10			

Nota: x, y y z corresponden a las puntuaciones subjetivas con las que hemos valorado cada criterio.

Para que no te compliques, tomemos el ejemplo del apartado anterior: «¿Qué puedo hacer yo para disponer de dinero el día 28 de febrero?». Estas son mis diez soluciones:

1. No ir al cine con los niños.
2. Ir en autobús en vez de utilizar el coche.
3. Comer todos los días en casa.
4. No salir a tomar algo los viernes.
5. Comprar marcas libres.
6. Posponer compras para las rebajas.
7. No bajar al bar a tomar café en el descanso del trabajo.
8. Dejar de fumar.
9. Dejar el gimnasio.
10. Bajarles la paga a mis hijos.

Los tres criterios en función de los cuales voy a evaluar mis soluciones son «bienestar familiar», «malestar psicológico» y «nivel de ahorro».

Si estás atento, habrás notado que tres de los criterios están redactados en negativo. ¡Felicidades! Estás entendiendo lo que quiero que hagas. Como ya señalé, los volvemos a redactar en positivo, «bienestar psicológico». Ahora puntuaré subjetivamente estos criterios.

— «Bienestar familiar». Diez, porque para mí, mi familia es lo más importante.
— «Bienestar psicológico». Ocho, porque creo que es más importante que mi familia esté bien a que yo me encuentre bien psicológicamente.
— «Nivel de ahorro». Seis, porque para mí el dinero es menos importante que la familia y el bienestar psicológico.

Elaboro una matriz y asigno las puntuaciones a las soluciones propuestas.

Tabla 35. Modelo de evaluación de soluciones

¿Qué puedo hacer yo para disponer de dinero el día 28 de febrero?	Bienestar familiar (0-10)	Bienestar psicológico (0-8)	Nivel de ahorro (0-6)	Suma
1. Realizar actividades gratuitas con los niños.	4	4	5	13
2. Ir en autobús en vez de utilizar el coche.	10	6	6	22
3. Comer todos los días en casa.	10	7	6	23
4. Ver una película en casa los viernes.	4	6	5	15
5. Comprar marcas libres.	10	8	4	22
6. Posponer compras para las rebajas.	10	7	5	22
7. Traer un termo de café en lugar de bajar al bar en el descanso del trabajo.	10	7	2	19
8. Dejar de fumar.	10	2	5	17
9. Dejar el gimnasio.	10	3	3	16
10. Bajar la paga a mis hijos.	4	4	2	10

Finalmente, se suman las puntuaciones. La opción con el valor más alto es «comer todos los días en casa»; no obstante, hay otras opciones que no son incompatibles con una puntuación similar (las he marcado en negrita). Si quisiéramos ahorrar más de dinero, podríamos combinarlas.

Lo único que quedaría es poner en marcha la solución al problema, tal como describimos en el apartado siguiente.

Cuando estaba inmerso en el proceso de toma de decisiones acerca de qué giro dar a mi vida para mejorar emocionalmente, elegí los criterios que para mí son más importantes. En primer lugar, puse «trabajar en lo que me gusta», y le otorgué una puntuación de 9 sobre 10. En segundo lugar, «estar cerca de mi familia», y lo puntué con un 8 sobre 10; en último lugar, tuve en cuenta el criterio económico, al que concedí una puntuación de 6 sobre 10. Basándome en estos criterios, las soluciones que más puntuación recibieron fueron abrir un negocio propio, empezar a escribir en un blog y escribir un libro de autoayuda. Como verás, no lo dudé demasiado y me lancé a ello.

Puesta en marcha y evaluación de resultados

Es importante tener en mente tu objetivo. De nada nos vale todo el proceso si perdemos de vista lo que realmente queremos. Es totalmente lógico que en este punto del proceso nos asalten las dudas y las preocupaciones. Pero ya hemos procesado la información de una forma casi óptima, por lo que tanto la ansiedad como los pensamientos automáticos negativos no tienen ningún sentido.

Esta parte es mi favorita: cuando tienes claro lo que vas a hacer, hay que lanzarse al vacío. Sé que da mucho vértigo, pero ¿qué es lo peor que puede pasar? ¿Que te quedes igual que estás? Ojo, antes de tomar decisiones irrevocables, mira si puedes hacerlo poco a poco o deja una puerta abierta para volver a la situación inicial. Por ejemplo, cuando tomé la decisión de dejar mi trabajo, no lo hice de forma inmediata. Primero, escribí el libro y abrí la página web. Después, empecé a ver pacientes por las tardes, y cuando tenía algunos ingresos económicos fuera de mi empleo, planifiqué cómo dejar mi trabajo. Aunque al final tuve suerte y me despidieron justo a tiempo.

Si has realizado el proceso como te he explicado, ya deberías tener una o varias soluciones para tu problema. Lo único que tienes que hacer es tirarte a la piscina. Ya no vale de nada la preocupación, hay que ocuparse: tienes la solución, puede que no sea perfecta, puede que no sea la mejor, pero hay que moverse. Si hiciste correctamente la formulación del problema, esta misma te dará el objetivo al que tienes que llegar para ver solucionado tu problema. Por tanto, una vez puesta en marcha la solución lo único que debes hacer es medir la eficacia para saber si has alcanzado tu objetivo. En caso contrario, vuelve al principio del proceso.

Te aseguro que mi modelo de negocio no es igual al que yo había imaginado en mi cabeza. Pero conforme han ido surgiendo dificultades, he ido poniendo distintas soluciones. He evaluado lo que funcionaba y lo que no. Me he quedado con lo que mejores resultados me da y he desechado todo aquello que me hacía perder el tiempo.

No tengas miedo a equivocarte, errar es bueno. Michael Jordan siempre decía que era el mejor porque era el que más tiros a canasta había fallado. No esperes a tener la solución perfecta, te garantizo que no existe. En esta vida lo que cuenta es no quedarse parado. Evalúa las posibilidades, pero sobre todo actúa.

Ejercicios prácticos

Semana 12

En este capítulo lo único que quiero que hagas antes de enfrentarte a problemas que te generan verdaderos quebraderos de cabeza es que soluciones primero un problema al que des menos importancia. Ya sabes, la práctica hace al maestro, así que a practicar.

Intenta descomponer el problema principal en problemas más pequeños. Por ejemplo, en vez de plantearte cómo llegar a ser un profesional de éxito, plantéate primero cómo conseguir tu primer paciente.

Te dejo el esquema completo para que puedas ir dando los pasos en orden, sin saltarte ninguno. Si tienes que volver atrás y releer algún apartado, hazlo. Es mejor invertir tiempo en aprender bien el proceso que arrepentirte luego. Por favor, ante todo, utiliza el sentido común. Es lo primordial en este proceso.

Tabla 36. Guía de búsqueda de soluciones

1. Definición del problema y concreción de objetivos	....
2. Búsqueda de alternativas de solución	1. .... 2. .... 3. .... 4. .... 5. .... 6. .... 7. .... 8. .... 9. .... 10. ....
3. Toma de decisiones	Criterio 1: .... Puntuación subjetiva: .... Criterio 2: .... Puntuación subjetiva: .... Criterio 3: .... Puntuación subjetiva: ....

	Criterio 1 (0-x)	Criterio 2 (0-y)	Criterio 3 (0-z)
1.			
2.			
3.			
4.			
5.			
6.			
7.			
8.			
9.			
10.			

Técnica opcional 5. Objetivos vitales

Tengo muy presente una frase que me dijo un amigo hace unos meses. Me decía que lo más importante en esta vida es no quedarse quieto. Da igual fallar, el verdadero fracaso está en no hacer nada.

La verdad es que creo que tiene toda la razón. Cuando me estabilizo y no tengo metas, enseguida mi cuerpo me pide que busque nuevos objetivos. Es cierto que a veces me paso y me meto en demasiados proyectos, pero la satisfacción de ir cumpliéndolos es casi insuperable. ¿Te has fijado alguna vez en las personas con objetivos definidos en su vida? ¿Te has dado cuenta de que siempre están al pie del cañón y rebosantes de energía?

Pues efectivamente, las personas con metas claras tienden a ser mucho más felices que las que no las tienen.

Desgraciadamente, es mucho más habitual encontrarse con personas que no saben hacia dónde ir que con aquellas con objetivos claros en su cabeza. Al final, la autoestima y la seguridad se forman en gran parte debido a la percepción que tenemos de nosotros mismos y de nuestro entorno. Si nos esforzamos y nos sentimos útiles y además nos reforzamos con ello, es muy difícil que nuestra autoestima sea baja.

Imagina que te fijas una meta importante en tu vida. Como es a largo plazo, consigues descomponerla en pequeños objetivos que vas cumpliendo semana a semana. La percepción de ti mismo cambiará enseguida. Te empezarás a sentir capaz de afrontar retos y esto repercutirá de forma positiva en tu bienestar. Da igual que tu objetivo sea laboral o tenga que ver con la salud: el proceso psicológico es el mismo.

Por ejemplo, yo noto muchísimo cuando estoy cumpliendo los objetivos de ejercicio físico que me propongo. Mi autoestima se ve reforzada y me encuentro a gusto conmigo mismo.

¿Te has planteado alguna vez qué quieres hacer con tu vida? ¿O simplemente dejas que la rutina diaria te vaya engullendo? Al cerebro le encantan la rutina y los hábitos. Odia los cambios y hace que tendamos a gastar la menor energía posible. Nos atrinchera en nuestra zona de confort y nos bombardea con ansiedad cuando salimos de la rutina.

Si nuestro cerebro quiere hábitos es lo que le vamos a dar. Pero vamos a crear hábitos dirigidos a una meta concreta. ¿Qué meta? Pues la que tú elijas.

Tener un objetivo en la vida es levantarse cada mañana con ganas de luchar. Con ganas de afrontar las dificultades del camino. En definitiva, con ganas de vivir.

Un ejercicio que hago habitualmente es comparar las emociones que sentía al levantarme cuando tenía que ir a trabajar para la gran empresa en la que estaba antes con las emociones que siento ahora, que estoy inmerso en mi propio proyecto. Antes me despertaba y la primera sensación que notaba en el cuerpo era de desidia, no me apetecía enfrentarme a lo que me brindaba el día. Si hubiera podido elegir, me habría quedado en la cama. Ahora me levanto sin despertador antes de que salga el sol y literalmente salto de la cama para desayunar viendo el amanecer. Me agrada trabajar en mi proyecto. Quiero escribir y ver a mis pacientes..., es lo que me llena.

Desgraciadamente, después de la adolescencia, poco a poco, vamos perdiendo nuestros sueños. Algunos lo llaman madurar. Yo lo llamo morir en vida. ¿Te acuerdas de qué querías ser de mayor cuando tenías quince años? Seguramente, tus aspiraciones estaban lejos de permanecer sentado en una oficina durante ocho horas y lo que querías era dedicarte a uno de tus *hobbies*.

Además, tener objetivos nos ayuda a reforzar nuestra identidad, nos ayuda a subir nuestra autoestima y a llenarnos de confianza, dota de sentido nuestro día a día, ayuda a controlar cómo invertimos nuestro tiempo y fomenta el contacto social entre personas con los mismos objetivos.

Las metas no tienen por qué ser laborales. Pueden ser de todo tipo. Desde dedicarte a la pintura de forma profesional hasta conseguir leer cien novelas de autores galardonados con el Premio Nobel. Cada uno elige sus metas.

Es importante ser flexible con nuestros objetivos. Por ejemplo, a los dieciséis años mis aspiraciones pasaban por ser estrella de *rock*; si mantuviera ese objetivo a la edad que tengo, seguramente estaría viviendo en una realidad que no es la que me corresponde. Por eso está bien revisar nuestras metas de vez en cuando.

La parte más difícil de este ejercicio es saber qué quieres. Es decir, el *qué*. El *cómo* y el *cuándo*, una vez decidido nuestro objetivo, son mucho más fáciles de programar.

Para ayudarte a elegir tus objetivos, si es que no los tienes, puedes hacer el siguiente ejercicio.

Imagínate que tuvieras el tiempo y el dinero necesarios para hacer lo que te diera la gana. Contesta a las siguientes preguntas.

—¿Cómo sería un día cualquiera?
—¿En qué invertirías el tiempo?
—¿Cuáles serían tus aficiones?
—¿Dónde vivirías?
—¿Con quién pasarías el tiempo?
—¿A qué dedicarías tu ocio?

Voy a presentarte mis respuestas a estas cuestiones para ver si puedo inspirarte. Eso sí, no vale copiar, son mis objetivos, no los tuyos.

—Cada día, me levantaría antes de que amaneciera. Desayunaría viendo salir el sol. Después, me dedicaría a escribir hasta poder atender al primer paciente del día en mi consultorio. Tras la jornada laboral, haría deporte, y luego me gustaría poder dedicar tiempo a mis seres queridos.
—Invertiría el tiempo en ayudar a personas a superar el sentimiento de tristeza, a hacer ejercicio físico, a tocar la guitarra, a viajar, a leer, a ir a museos, a ir al teatro y a compartir mi felicidad con mis seres queridos.

—Mis aficiones serían viajar, leer, oír música, ir a conciertos, hacer deporte y la ciencia.

—Viviría en una casa en medio del bosque, lo suficientemente cerca para poder ver a mis seres queridos y lo suficientemente lejos para tener tranquilidad.

—Pasaría mi tiempo de ocio con mis amigos y familiares.

—Destinaría el tiempo libre a leer, a viajar, a ir al teatro, a ir al cine, a conciertos y a hacer deporte.

Tómate tu tiempo para reflexionar sobre estas cuestiones. Seguramente aparecerán ante ti una o varias actividades a las que dedicarías tiempo. Puede que tus objetivos se relacionen con esto.

Hoy quiero que dediques el día a pensar sobre las metas que te vas a poner a partir de ahora. No te preocupes demasiado si las ves inalcanzables, siempre las podemos descomponer en metas más pequeñas o ser flexibles. Es simplemente el comienzo del camino.

En la página siguiente encontrarás una ficha sin completar para hacerlo más fácil.

Mucha gente tiene crisis vitales cuando acaba sus estudios, cuando la despiden del trabajo o cuando se jubila, precisamente por no tener un camino trazado por el cual dirigir su vida. Son etapas clave en las cuales es muy posible que nos encontremos sin objetivos. No sabemos hacia dónde dirigir nuestros esfuerzos. Cuando esto ocurre, irremediablemente la motivación cae poco a poco. Nos sentimos perdidos. Muchas personas caen en la trampa de quedarse tumbadas en el sofá, viendo la televisión, esperando a que la vida pase o les ponga un objetivo adelante. No seas como ellas.

No hace falta que tengas planificado cada paso desde el principio. Pero sí es importante tener una idea general de hacia dónde quieres dirigir tus esfuerzos y tener claros los siguientes pasos que has de dar.

En esto vas a focalizarte hoy. Vas a descomponer en objetivos más pequeños tu meta final.

Tabla 37. Guía para establecer objetivos

Imagina que tuvieras el tiempo y el dinero necesarios para hacer lo que te diera la gana...	
¿Cómo sería un día cualquiera?	....
¿En qué invertirías el tiempo?	....
¿Cuáles serían tus aficiones?	....
¿Dónde vivirías?	....
¿Con quién pasarías el tiempo?	....
¿A qué dedicarías tu ocio?	....

Primero, define claramente qué es lo que quieres conseguir. Establece señales para comprobar que lo has conseguido. Evita generalizar; de nuevo, intenta ser preciso. Por ejemplo, no te pongas como objetivo vital «ser un médico de prestigio», puesto que no hay una definición clara y no podemos saber cuándo lo hemos conseguido. Una mejor definición del mismo objetivo sería «lograr tener un consultorio propio que me genere ingresos superiores y cinco mil seguidores en Facebook». Después, descompón tu objetivo principal en subobjetivos más pequeños.

Para el ejemplo anterior, nos valdrían subobjetivos como estos:

—Estudiar medicina.
—Conseguir el capital inicial para invertir en un consultorio propio.
—Abrir una página de Facebook.
—Promocionar la página de Facebook.

Como ves, poco a poco se van clarificando los pasos que tienes que dar. A su vez puedes descomponer estos subobjetivos en metas aún más pequeñas. Siguiendo con el ejemplo anterior, podríamos descomponer «conseguir el capital inicial para invertir en mi propio consultorio» en los siguientes hitos:

—Hacer un estudio de mercado para saber qué inversión es la adecuada.
—Buscar un trabajo en una institución.
—Ahorrar todos los meses quinientos euros que invertiré en el futuro en mi consultorio.

Podemos descomponer cada objetivo y subobjetivo las veces que necesitemos. Repite este proceso hasta tener claro qué tendrías que hacer el primer año para conseguir tu meta final. Una vez hecho, planifica mes a mes tus metas. No seas demasiado optimista, tendemos a sobreestimar nuestras capacidades. Ponte objetivos fáciles de cumplir y sé constante.

Deja de trabajar duro para ser constante. Es mejor dar 40 % cada día que cien por ciento los seis primeros meses y dejarlo por agotamiento. Solemos sobreestimar nuestras capacidades a corto plazo e infravalorarlas a largo plazo.

Por ejemplo, si nunca has corrido, es fácil que te abrume el objetivo de hacer veinte kilómetros la primera vez. Pero es fácil que creas que puedes correr cuatro kilómetros el primer día. Pues es mejor que te propongas empezar por dos kilómetros, haciendo paradas cada cuatrocientos metros, e ir subiendo la distancia poco a poco que intentar el primer día una carrera tan larga. Seguramente, si le dedicas el tiempo suficiente —por ejemplo, tres o cuatro veces a la semana—, en unos meses o en un año serás capaz de correr una distancia que se acerca al objetivo de los veinte kilómetros. Este es solo un ejemplo; haz ejercicio adaptado a tu condición física y sigue siempre las recomendaciones de un médico.

Una vez planificados mes a mes los pasos que vas a dar, selecciona las tareas para el primer mes y planifícalas semana a semana. Si haces correctamente este ejercicio, en pocas horas tendrás claro lo que tienes que hacer mañana para conseguir estar donde quieres en diez años.

Es una carrera de fondo y vas a invertir mucho tiempo en ello, así que asegúrate de que has elegido bien lo que quieres hacer con tu vida. De lo contrario te arruinarás y acabarás renunciando.

Para que veas cómo se planifica, voy a ponerte un ejemplo propio. Así tienes una referencia de cómo hacer el ejercicio de forma correcta. En mi caso, en primer lugar, elegí como meta vital poner un consultorio de psicología propio en Madrid. Me encontraba en una situación muy lejana a mi objetivo. Para empezar, vivía en Málaga, a quinientos kilómetros; en segundo lugar, estaba atrapado en un trabajo que no me gustaba y me consumía las fuerzas que podía dedicar a lo que verdaderamente me gustaba. El primer paso era conseguir una fuente de ingresos alternativa para dejar mi puesto.

Mediante la solución de problemas, que hemos visto en la primera mitad de este capítulo, llegué a la conclusión de que la mejor forma de obtener ingresos era hacer lo que ya sabía hacer: ser psicólogo. Como mi objetivo era mudarme a Madrid, la mejor opción era empezar a ver pacientes vía internet. Así, si en un momento me podía mudar, no tendría que empezar desde cero.

Pero claro, para conseguir pacientes por esta vía necesitaba primero tener una página web con visitas. ¡Necesitaba trabajar mucho! Lo primero que hice fue establecer el objetivo: «Tener una página web con más de tres mil visitas al mes». Para ello, necesitaba emprender varias acciones. Primero, comprar un alojamiento y un dominio. Segundo, crear perfiles en las redes sociales más importantes. Tercero, hacer un diseño atractivo de mi web. Cuarto, escribir artículos para atraer a lectores interesados.

Ni tardo ni perezoso, planifiqué la primera semana de la siguiente manera.

Tabla 38. Modelo de planificación semanal

Día de la semana	Tarea
Lunes	Buscar un nombre para la web y comprar el dominio y el alojamiento.
Martes	Crear perfiles en redes sociales
Miércoles	Escribir mi primer artículo de más de mil quinientas palabras.
Jueves	Formarme en diseño web para mejorar mi página.
Viernes	Implementar lo aprendido en diseño web en mi página.
Sábado	Anunciar en las redes sociales mi artículo.
Domingo	Seguir estudiando diseño web.

Fui planificando semana a semana pequeños pasos hasta que en menos de un año conseguí mi objetivo de tener más de tres mil visitas al mes en mi web. Me equivoqué muchas veces, pero fui constante y al final conseguí mi objetivo.

Puedes utilizar la siguiente tabla para escribir tu objetivo semanal y las tareas que tengas que ir implementando para conseguirlo.

Tabla 39. Planificación semanal

Día de la semana	Objetivo
Lunes	....
Martes	....
Miércoles	....
Jueves	....
Viernes	....
Sábado	....
Domingo	....

Puedes utilizarla todas las semanas durante el resto de tu vida.

Curiosidades científicas

En este capítulo vamos a abordar otra parte del cuerpo humano que está implicada en los procesos emocionales. Estoy hablando del sistema endocrino. Probablemente, te sorprenderá que no sea el cerebro el responsable exclusivo de tu estado de ánimo.

Sufrir episodios intensos de estrés, tristeza o depresión producen cambios en nuestro sistema endocrino, que es el encargado de la producción de las hormonas que regulan el funcionamiento del cuerpo.

Cuando nos encontramos deprimidos, se ven afectadas diferentes partes de este sistema. Aunque también funciona a la manera inversa: cuando hay alteraciones en el sistema endocrino pueden aparecer síntomas de ansiedad o un estado de ánimo bajo.

Vamos a ver las vías más importantes.

—El eje hipotalámico-hipofisario-adrenal (HHA) está relacionado con la secreción del cortisol, la hormona del estrés. Cuando nos encontramos constantemente activados o bajo la influencia del estrés, este sistema segrega importantes cantidades de cortisol, que afecta a los receptores del hipocampo. Esta afectación está relacionada con la aparición de síntomas depresivos.

—El eje hipotálamo-hipófisis-tiroides (HHT) es el encargado del control de los niveles de la hormona tiroidea. Cuando nos encontramos más tristes de lo normal hay un aplanamiento de los niveles de secreción nocturnos de esta hormona. Por ello, la depresión está asociada a trastornos del sueño. Puede que nos cueste más de lo normal quedarnos dormidos, que apenas mantengamos el sueño o que nos despertemos demasiado temprano.

—La hormona del crecimiento también se ve afectada por procesos prolongados de estrés. Hay un aplanamiento de la secreción diurna de esta hormona que influye en los síntomas de cansancio y que se relaciona con las «pocas ganas» de emprender actividades.

Por último, el sistema inmune tiene una relación directa con el sistema nervioso central. La depresión hace bajar de forma considerable nuestras defensas. Así, es más fácil que en procesos de estrés crónico aparezcan infecciones. Cuando hay un episodio de estrés agudo en un momento determinado, nuestro sistema inmune se dispara, es decir, nos prepara para el peligro. Lo que ocurre es que si el estrés se mantiene en el tiempo, el sistema inmune poco a poco se va deprimiendo hasta bajar a niveles inferiores a los necesarios para su funcionamiento óptimo.

¿No te has detenido a pensar por qué cuando te vas de vacaciones nunca te pones enfermo? Pues porque tu sistema inmune funciona a pleno rendimiento con las emociones positivas.

Si te interesa este tema, puedes consultar el artículo «Nuevas perspectivas en la biología de la depresión», de Hernán Silva.*

---

* «Nuevas perspectivas en la biología de la depresión», en *Revista Chilena de Neuropsiquiatría*, 40, 2002, págs. 9-20.

7

PREVENCIÓN DE RECAÍDAS

No todo resbalón significa una caída.

GEORGE HERBERT

Estamos llegando al final de este libro. Según la planificación inicial, estamos en la semana 12, y si has seguido mis indicaciones, es de esperarse que tu estado de ánimo haya mejorado considerablemente. De no ser así, visita a un profesional.

Llega la parte más importante y la que más suele preocupar a mis pacientes. Siempre, al llegar a este punto de la terapia, me hacen la misma pregunta: «¿Volveré a estar triste?». Obviamente, ante situaciones difíciles en las que haya una pérdida o nos percibamos como poco eficientes, es totalmente normal que aparezca esta emoción.

Si recuerdas, nuestro objetivo no es eliminar las emociones que nos producen dolor, sino reducir su frecuencia, intensidad y duración hasta límites en los cuales podamos llevar una vida normal.

Es decir, si en los próximos meses hay un acontecimiento duro, es normal que aparezca la tristeza, pero si utilizas las herramientas que ya conoces, regularás con mucha más eficacia esta emoción.

Ten cuidado para no volver a caer en anteriores errores. Evita quedarte en la cama todo el día, igual tienes que hacer un esfuerzo extra para practicar algún deporte y puede que no te apetezca ver a tus seres queridos, pero con un poco de voluntad conseguirás sobreponerte.

Los cuadros de tristeza desadaptativa no suelen aparecer de golpe. Aparecen paulatinamente, conforme nos vamos metiendo en una rutina poco adaptativa de vida. Por ello es de vital importancia que permanezcamos atentos.

En el presente capítulo vamos a ver cómo identificar las situaciones que nos pueden hacer volver a caer. Después, estudiaremos los recursos que hemos adquirido para no retornar al punto de inicio. Finalmente, te recomendaré unos ejercicios que puedes incorporar a tu vida diaria para que tu nivel de bienestar sea el óptimo.

Desde que conseguí superar mi etapa más difícil se han presentado situaciones que bien podían haber sido un desencadenante para volver a caer en el círculo vicioso en el que me vi metido. Por ejemplo, meses después de encontrarme mejor, cuando ya había rehecho mi vida en Málaga, me volví a desplazar a mi ciudad natal, Madrid. Esto volvió a suponer muchas pérdidas importantes. Dejé atrás amigos que eran como hermanos, perdí de vista la playa, la ciudad que me había hecho feliz en los últimos tiempos y actividades que me encantaban, como el teatro.

El día que hice la mudanza estaba muy triste, se me saltaban las lágrimas. Obviamente entendía que era una emoción normal. Lejos de quedarme en casa, me fui al monte a leer. Allí tuve un rato en el que di rienda suelta a mi tristeza. Me puse a llorar durante casi media hora. Al acabar me encontraba mucho mejor.

Al día siguiente empecé con mi rutina de deporte, estuve con mis amigos, volví a tocar la guitarra y poco a poco organicé de nuevo una vida. Evidentemente, recuerdo con nostalgia el periodo anterior, pero no es una emoción que me haga daño; al contrario, me hace valorar todo lo que aprendí en esa etapa y estoy tremendamente agradecido con las personas que conocí allí.

En el caso de Miguel, a las doce semanas de empezar a trabajar conmigo, se encontraba mucho mejor. Había superado el estado inicial de tristeza que le impedía seguir con su ritmo de vida. Había aprendido a cambiar pensamientos automáticos negativos, era mucho más asertivo y su estado de ánimo era óptimo. Lógicamente, echaba de menos a su madre, pero los recuerdos que tenía ya no eran dolorosos. Eran bonitos. Se sentía agradecido por todo lo que había aprendido de ella. Casi al final me puso una metáfora que me gustó mucho. Me dijo que su dolor había sido como el de una herida profunda. Al principio no podía pensar en otra cosa, pero con el tiempo fue cicatrizando para convertirse en algo más de su cuerpo. Algo bonito de lo que estaba orgulloso. Había pasado de sentirse víctima a sentirse superviviente.

Con todo, le costó alzar el vuelo y dejar de venir a la consulta. Le tuve casi que obligar a enfrentarse por sí mismo a las dificultades del día a día. Las últimas sesiones las dedicamos a planificar lo que tendría que hacer si de nuevo aparecían dificultades en su camino. Y como siempre hago, le di cita para verlo en un mes.

Pasados los treinta días, llegó con un aspecto espléndido. Me contó que no había tenido ningún problema para tirar hacia adelante. Le di la enhorabuena y le dije que me escribiera regularmente por *e-mail* para saber cómo estaba.

Casi al año, recibí un correo suyo diciéndome que había fallecido su padre hacía casi un mes. Me comentó que fue capaz de gestionar con eficacia las emociones que aparecieron y que se encontraba bien. Le pedí que me mantuviera al día de cómo estaba, que no quería volver a saber cómo caía. A los tres meses me escribió de nuevo diciéndome que no había tenido ningún problema y que había recuperado él solo su estado de ánimo.

Al final, lo que hace una terapia psicológica es darte las herramientas necesarias para que puedas resistir el temporal tú solo. Miguel lo consiguió y ahora quiero que tú también lo hagas.

Motivación para el cambio

Al final, salir de la tristeza es como todo: nada va a cambiar si solamente te limitas a leer este libro. Necesito que estés motivado para hacer los cambios necesarios para mejorar tu estado de ánimo. La motivación es variable y depende totalmente del estadio en el cual nos encontremos. Voy a describirte el modelo que se utiliza para explicar por qué unos pacientes llegan a cambiar y otros no.

A finales de la década de los ochenta Carlo DiClemente y James Prochaska (1985) construyeron un modelo para explicar por qué algunas personas eran capaces de dejar de consumir sustancias adictivas y otras no. Todo dependía de la motivación para que tuvieran el cambio. Formularon el modelo con seis estadios diferentes de motivación. Su modelo se ha utilizado para explicar los cambios en muchos más problemas que en el consumo adictivo. Nos viene muy bien para monitorizar nuestra motivación en situaciones en las que nos encontramos tristes.

Pasemos a describir los estadios... Voy a ponerte dos ejemplos en cada uno, uno relacionado con el consumo de sustancias y otro relacionado con el estado de tristeza desadaptativa.

1. Precontemplación

Las personas en esta fase no tienen conciencia de problema y lo que pretenden es que el cambio lo haga su entorno y no ellos. Perciben más ventajas que desventajas en su funcionamiento actual. Es el estadio en el que se encuentran los fumadores antes de plantearse que tienen un problema. Minimizan los riesgos de esta conducta. Aparecen pensamientos del tipo: «Si total, de algo hay que morir...» o «Por un cigarrito no pasa nada».

En el caso de alguien que se encuentra triste, ni siquiera se plantea que tiene el poder de mejorar su estado de ánimo. Simplemente, asume que está mejor en la cama que enfrentándose al mundo. No tiene en mente otras posibles soluciones ni modos de actuación.

2. Contemplación

Existe una ambivalencia, puesto que se reconoce que hay un problema. Los pros y los contras se equiparan. En el caso de un fumador, empieza a reconocer que los efectos del tabaco son nocivos. Reconoce que su forma física sería mejor si no fumara y que, de seguir así, es probable que padezca una enfermedad asociada al consumo de esta sustancia.

Cuando nos encontramos tristes y estamos en esta fase, comenzamos a percibir que tenemos un problema. Nos encontramos mal, cansados, sin esperanza, nos sentimos culpables y vemos que todo ello afecta negativamente a nuestra vida.

3. Preparación

Las personas que se encuentran en esta fase han planeado un cambio a corto plazo. Generalmente, ya han tomado medidas y han hecho pequeños cambios. En el caso de los fumadores, ya saben que existe un problema e intentan, por lo general, empezar a reducir su consumo. En algunos casos han intentado dejarlo durante unos días. Es frecuente alternar el estadio de preparación con el de acción, puesto que, al tomar la decisión de cambiar, se dan cuenta de que no tienen los recursos necesarios para dar el salto. Por ejemplo, abstenerse de fumar es muy fuerte y no saben cómo combatirlo.

En el caso de la tristeza, es en el momento en el que uno reconoce que tiene que hacer algo. Se da cuenta de que si sigue así, su estado de ánimo empeorará. Puede que en este momento acceda a salir de casa, arrastrado por sus seres queridos, o que la persona afectada se lance a comprar un libro de autoayuda en la librería.

4. Acción

Es el momento en el que la persona toma la determinación de cambiar una conducta. Hay que tener en cuenta que tomar esta decisión no implica un cambio real de conducta y existe la posibilidad de una recaída. *En el caso del tabaco, coincide con el día en que finalmente se deja de fumar.* Es el momento en el que la persona decide dar un cambio a su vida, pero aparecen dificultades que quizá no ha previsto y puede recaer fácilmente. Como explicábamos en el estadio anterior, el deseo de fumar puede ser muy fuerte y al no tener recursos para minimizarlo, fumar se ve como la única solución.

En el caso de la tristeza, ocurre el día en el que se decide empezar a cambiar. Puede ser el momento en el que decides salir a caminar treinta minutos o en el que te fuerzas a salir de la cama. Depende del nivel de cada uno. Quizá te resulte muy duro hacer un poco de ejercicio y tires la toalla. Los efectos positivos de esta actividad no son inmediatos, sino que tardan unos días o semanas en aparecer, por lo que, al principio, no te queda otra que confiar en que funciona.

5. Mantenimiento

En esta fase, la idea principal es prevenir las recaídas. Es la más larga, junto con la precontemplación. Puede durar una vida entera. En este estadio es necesario poner en marcha los recursos que tienes para evitar recaer. *En el caso del tabaco, puede durar el resto de nuestra vida.* Podemos ser exfumadores setenta años. La clave es que en situaciones de riesgo sepamos manejar las herramientas que tenemos para superar las ganas de fumar. Por ejemplo, una situación común es —a los meses de haber dejado el consumo— estar en una celebración y que alguien que hace tiempo que no ves te ofrezca un cigarrillo. En ese momento es posible que aparezca el deseo de fumar, pero puedes controlarlo aplicando una técnica de relajación.

En el caso de la tristeza, pueden aparecer situaciones que faciliten la aparición de esta emoción. Ahora mismo, si has leído el libro entero, tienes recursos de sobra para enfrentarte con éxito a ellas. Ya sabes que programar actividades agradables, cambiar pensamientos negativos, ser más asertivo y sociable, y solucionar problemas puede ayudarte mucho en estos casos. La clave es estar atento para poner en marcha estas técnicas.

Si te das cuenta, los autores, contextualizaron el modelo en el consumo de sustancias, pero sirve para explicar con eficacia cualquier cambio. Si lo aplicamos a la tristeza, probablemente cuando compraste el libro te encontrarías en un estadio de contemplación o preparación, puede que fuera un familiar el que te vio decaído y tú ni siquiera te hubieras dado cuenta; entonces estaríamos hablando de un estadio precontemplativo. Si has seguido mis consejos, es que decidiste pasar a la acción, y si efectivamente has seguido todos mis consejos y te encuentras mejor, es que estás en el estadio de mantenimiento.

A partir de aquí, se pueden dar dos escenarios posibles: la caída y la recaída. Te sorprenderá que no considere que nunca va a haber problemas, pero días malos los tenemos todos, y es estadísticamente imposible que no vuelvas a sentir tristeza. Además, como ya hemos visto, lo deseable no es que dejes de sentir esta emoción, sino que la frecuencia, la intensidad y la duración de la tristeza sean aceptables. Pasemos a definir las dos posibilidades.

6. Caída/recaída

Se habla de *caída* si la conducta problemática ocurre una sola vez en el tiempo y no se vuelve a repetir. La caída es un acontecimiento puntual, singular, único y no implica necesariamente la recaída. Si nos damos cuenta de ello y ponemos en marcha todos los mecanismos para que no siga sucediendo, volveremos a la fase de mantenimiento. En el caso del tabaco, sería el equivalente a fumar un cigarrillo en un momento determinado, pero al darte cuenta de lo que estás haciendo, tirarlo y poner en marcha los mecanismos necesarios que ya conoces para superar la situación.

En el caso de la tristeza, suele ocurrir en días en los cuales te sientes triste y adoptas la actitud que tenías antes. Pero cuando te das cuenta de que estas conductas te llevan a estar más triste, pones en marcha todos los recursos que ya conoces para regular la emoción.

Si después de la caída no ponemos en marcha las estrategias que hemos aprendido y la conducta se sigue dando en el tiempo, hablaremos de *recaída*. El estadio al que nos conduce es al de *precontemplación*. En el caso de los fumadores, ocurre cuando tras probar un cigarro, sienten que todo lo que han hecho no sirvió para nada y deciden comprar un paquete de tabaco.

Lo mismo ocurre cuando estamos tristes ante una situación difícil o por nada en concreto. Nos viene el pensamiento automático negativo de «Haga lo que haga no funcionará» y volvemos a patrones del estadio de *contemplación*. Volvemos a meternos en la cama y a ahogarnos en nuestros pensamientos automáticos negativos.

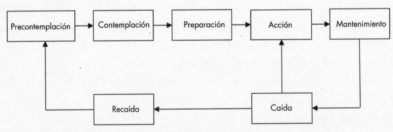

Figura 14. Modelo de DiClemente y Prochaska.

Como puedes ver, establecer una diferencia entre caída y recaída está en tus manos. En el próximo apartado vamos a ver qué podemos hacer para que las caídas sean deslices puntuales y no se conviertan en problemáticas. Te recomiendo que sigas las instrucciones de forma concienzuda para que no vuelvas a sentirte como cuando empezaste a leer este libro.

De nuevo, lo que quiero es empoderarte, que seas consciente de que tienes mucha influencia en tu estado de ánimo. No eludas la responsabilidad.

Identificar situaciones difíciles en las que podemos caer

Lo primero que debemos saber es que la recaída es una situación que puede ocurrir en el camino de lograr una vida mejor y que no necesariamente implica un abandono o un fracaso en ese proceso. La transformación de nuestro estilo de vida suele ser paulatina, no es algo que suceda de forma violenta. Tenemos control sobre ello. Si en el intento de cambio tenemos dificultades, no significa que hayamos dado pasos hacia atrás.

Cuando me encontraba triste y decidí cambiar, hubo muchos días en los cuales no me apeteció salir a hacer ejercicio. Recuerdo un día que me encontraba especialmente bajo, pero conseguí vestirme e ir al parque donde solía hacer deporte. Había quedado de ver a un amigo y cuando llegó le dije que me iba, que no me encontraba con ánimo de hacer nada. ¡Es la única vez que estando fuera de casa no he conseguido hacer deporte! Fue una pequeña caída, pero pronto comprendí que cada vez que hacía ejercicio físico me encontraba mejor y estaba más cerca de mis objetivos.

Al final, el proceso es similar a echar monedas de cinco céntimos en una alcancía. Puede que un día no ahorres nada, no es ningún problema, pero si frecuentemente vas metiendo dinero en la alcancía, a los pocos meses te encontrarás con una buena suma. Lo mismo sucede con el bienestar.

Si conocemos los estímulos ante los que somos más vulnerables, podremos prevenir las recaídas. Si has seguido las instrucciones del libro, lo más probable es que te hayas hecho más consciente de las situaciones de riesgo.

Para inspirarte, voy a darte unas cuantas ideas con mis situaciones de riesgo. Por ejemplo, a mí me afectan mucho los fracasos laborales, las rupturas amorosas y sentir que no estoy siendo fiel a mis principios. Sé que tengo que tener especial cuidado con estas situaciones. Cuando ocurre algo de esto, enseguida tomo cartas en el asunto e intento poner en marcha todos los recursos que tengo para superar la situación difícil.

Haz un esfuerzo para imaginar cuáles son las situaciones que te pueden provocar malestar y plásmalas en papel. Copia el siguiente esquema y llévalo contigo. Así, cada vez que localices una situación de riesgo lo tendrás a mano para apuntar.

Tabla 40. Identificación de las situaciones de riesgo

Situaciones de riesgo en las que puedo sentir malestar
....
....
....
....

Por si necesitas más inspiración, te adjunto las situaciones que identificó Miguel al final de su proceso terapéutico:

—Fallecimiento de un familiar.
—Ruptura sentimental.
—Problemas económicos.
—Problemas familiares.

Probablemente, si haces este ejercicio, tus situaciones de riesgo se parezcan bastante a las de Miguel. Los cuatro ejemplos implican pérdidas, en algunos casos afectivas y en otros económicas, pero el cerebro reacciona de la misma forma. Seguramente cualquiera de nosotros se sentiría triste ante uno de estos eventos.

Tras identificar las situaciones en las que somos vulnerables, pasamos a ver qué estrategias de afrontamiento hemos adquirido para salir adelante. Usaremos esas mismas estrategias para evitar que una caída se convierta en una recaída.

Como te he contado antes, yo también estuve en riesgo de recaer. Lo que hice es poner en marcha las herramientas que sé que mejor me sirven. Enseguida incrementé el tiempo dedicado al ejercicio físico, volví a actividades que tenía olvidadas y con las que disfrutaba mucho, como la música, y organicé planes para salir con mis amigos. Me volqué con mis aficiones, escribí más a menudo, me dediqué a ayudar a los que tenía alrededor y lo necesitaban y, por supuesto, también me permití estar triste en los momentos que yo sentía que tenía que estarlo. Pero siempre sin caer en conductas desadaptadas.

Ya conoces muchas técnicas y has comprobado que efectivamente funcionan para mejorar tu estado de ánimo. Es hora de que selecciones aquellas que mejor te funcionan para tenerlas siempre a mano. Rellena el siguiente cuadro con dichas estrategias.

Tabla 41. Estrategias más efectivas para mejorar el estado de ánimo

Estrategias que tengo para afrontar

Si te sirve de ayuda, Miguel eligió las siguientes estrategias para evitar volver a caer. No le costó mucho, ya que durante el proceso terapéutico se conoció mucho más a fondo.

—Ante una situación complicada, no caer en la inactividad.

—Detectar pensamientos automáticos negativos y cambiarlos.

—Afrontar activamente los problemas.

—Ser asertivo cuando algo me molesta.

Observa que todas las estrategias que seleccionó Miguel están descritas en los capítulos anteriores. Durante el proceso terapéutico, consiguió hacerlas suyas.

Por último, vamos a tomar conciencia de las estrategias que hemos desarrollado para subir nuestro estado de ánimo, que era el objeto principal de este libro. Puedes completar la siguiente tabla inspirándote en las técnicas que hemos ido viendo en los capítulos anteriores.

Tabla 42. Cuadro resumen de estrategias para mejorar el estado de ánimo

Estrategias para subir el estado de ánimo
....
....
....
....
....
....

Una de las claves para hacer bien este ejercicio es ser lo más específico posible. Está bien que sepas que hacer deporte te hace bien, pero todavía es mejor si sabes que andar en bicicleta por las montañas es lo que más te gusta. Ten en cuenta que, a lo mejor, dentro de tres años, cuando necesites utilizar esta lista, no recuerdes las sensaciones que tienes ahora al realizar estas actividades. Por ello es muy útil que seas lo más preciso posible.

Como siempre, veamos el ejemplo de Miguel y las estrategias que le parecieron más efectivas para subir el ánimo:

—Salir a correr a diario por el parque que hay al lado de casa.

—Salir una vez a la semana con mis amigos de toda la vida a tomar algo.

—Llevar a mis hijos al parque las tardes que hace sol.

—Ir con mi mujer a cenar por lo menos una vez a la semana.

Como vemos, Miguel ha desarrollado un montón de estrategias para prevenir una caída. Yo estoy seguro de que tú puedes desarrollar las mismas como mínimo. Pero por si tienes dificultades, te cuento mis estrategias específicas para cuando me encuentro triste. ¡Por ideas que no sea!

En primer lugar, intento hacer deporte cinco días a la semana. Me gusta salir a correr por la montaña y ejercitarme con el peso de mi cuerpo. Si puedo, lo practico al aire libre, pero si hace mucho frío o llueve, lo hago en casa. Intento no ponerme excusas, siempre se pueden encontrar treinta minutos al día para esto.

Otra estrategia que utilizo mucho es irme a leer en medio del monte. Me subo a una colina que hay cerca de mi casa con un libro y alterno minutos de lectura con minutos contemplando el paisaje. No me canso de admirar la majestuosidad de la naturaleza.

También suelo planificar actividades con amigos. Me gusta ir al teatro, a conciertos, al cine o simplemente sentarme en una terraza a tomar café y hablar durante horas.

Por último, intento visitar a mis familiares y ayudar en lo que puedo. Sentirlos cerca siempre es una fuente de bienestar inagotable. Hay veces que nos encontramos solos, pero en realidad no lo estamos. Por ello es bueno estar atentos.

Son solamente algunos ejemplos y te invito a que encuentres lo que mejor te conviene. No obstante, voy a enseñarte una técnica más que puedes utilizar durante el resto de tu vida.

Es el momento de empezar a meditar. Sí, has leído bien. En los últimos años, la investigación científica ha demostrado los innumerables beneficios tanto físicos como psicológicos de la práctica de la meditación.

He de confesarte que al principio era bastante reticente al uso de esta técnica. Me sonaba «muy místico» esto de meditar. Pero la verdad es que empecé a leer estudios que demostraban su eficacia y no me quedó otra que probar la técnica. Me inicié hace tres años. Ya tenía referencias de esta técnica y conocía cómo se aplicaba, pero nunca la había probado en mí. Empecé poco a poco, meditando diez minutos al día. Al principio no conseguía mantener la atención ni siquiera un minuto seguido... Es lo normal.

Con la práctica, fui adquiriendo cierta habilidad hasta entrar en un estado de conciencia plena durante varios minutos seguidos. Me sentía más relajado y consciente de todo lo que acontecía en mi vida. Me daba cuenta de los pequeños detalles que sucedían a mi alrededor y fui viviendo cada vez más el presente.

Me enamoré de esta práctica el día que me enfrenté a uno de mis miedos más arraigados: viajar en avión. Hace diez años, en un viaje de vuelta de Praga en el que hubo muchas turbulencias, me entró pánico a volar. Cierto es que nunca he permitido que el miedo me impidiera viajar y lo he hecho con frecuencia, pero siempre con bastante miedo, sobre todo en el despegue.

Pues bien, esta vez fue distinto, empecé a concentrarme en la respiración antes de que el avión emprendiera el vuelo. Controlé en todo momento durante el despegue mis niveles de ansiedad. Hacia mitad del viaje, empezaron de nuevo las temidas turbulencias. La ansiedad se disparó, pero me centré en la emoción, sin juzgarla, y poco a poco se fue disolviendo. La verdad es que estuve mucho más tranquilo que la persona que me acompañaba, que supuestamente no tenía miedo a volar.

Influenciada por la tradición oriental, la psicología ha sistematizado esta práctica quitándole al proceso todo el contenido religioso y espiritual, y ha llamado a la técnica *mindfulness*. Los psicólogos nos hemos quedado con el proceso instrumental para someterlo a estudio.

Entre los beneficios que encontramos en la práctica del *mindfulness* está la reducción del estrés y de los síntomas depresivos, el aumento del bienestar, el apoyo en la superación de adicciones y otros trastornos mentales, y la mejora, la calidad y la cantidad del sueño. Ayuda a la pérdida de peso de forma saludable, mejora el rendimiento académico en niños y adultos, aumenta la esperanza de vida en pacientes con patologías cardíacas, y un largo etcétera. Además, los beneficios de la práctica de esta técnica no se reducen al tiempo que la llevamos a cabo, sino que se generalizan a nuestro día a día.

Entre todos estos beneficios hay uno que resalta sobre los demás: disminuye las posibilidades de recaída en depresiones. Por esta razón me ha parecido muy interesante introducirte en esta técnica en el último capítulo del libro.

La práctica del *mindfulness* o atención plena fue definida por Jon Kabat-Zinn como «prestar atención de una manera especial e intencionada en el momento presente sin juzgar». Efectivamente, la técnica propone redirigir la atención a lo que está pasando aquí y ahora. El entrenamiento hace que fortalezcamos ciertas conexiones neuronales y nos hace vivir el día a día con más intensidad, calma la mente, nos ayuda a centrarnos en el presente, a estar menos preocupados y a regular de forma eficaz las emociones.

Empezar con el *mindfulness* supone un proceso de aprendizaje constante en el cual, de forma paulatina, vemos beneficios, como disminuir nuestras preocupaciones, ver con claridad nuestra realidad y observar los problemas de una forma más objetiva, afrontar de forma adecuada las emociones y tomar decisiones independientemente de estas.

La clave de esta técnica es que te permite separarte de lo que estás sintiendo para que las emociones no guíen tu conducta. Por ejemplo, antes de una conferencia, los niveles de estrés se suelen disparar. Lo que generalmente nos pide el cuerpo en estas situaciones es escapar. Pues bien, con la práctica de esta técnica logramos abrazar la emoción de ansiedad sin juzgarla como algo malo. Al conseguir este efecto, exponerse a la situación que nos genera miedo es mucho más fácil.

Cuando practicamos la técnica entramos en un estado *mindful*, que consiste en vivir el momento presente, sin juzgar lo que está pasando, simplemente aceptando cuanto acontece a nuestro alrededor.

A este estado se puede llegar por otras vías y seguro que ya lo has experimentado. Por ejemplo, si te gusta el ejercicio físico, cuando uno lleva un rato haciendo deporte con cierta intensidad, alcanza un estado similar en el que acepta todo lo que ocurre. Dejas de juzgar las sensaciones corporales como peligrosas. Aceptas que tus músculos se fatigan y que la respiración se entrecorta. El cansancio pasa a ser una sensación más. Ni buena ni mala. También puedes haberlo vivido ante un paisaje sobrecogedor, cuando sientes que se para el tiempo y simplemente te conectas con el momento.

Hay días en los que nuestro pensamiento está especialmente revuelto y nos cuesta mantener la serenidad. Siguiendo la metáfora del doctor Siegel, uno de los mayores especialistas de todo el mundo, el pensamiento es como el océano, puede estar en calma o estar embravecido; normalmente nuestra posición respecto al pensamiento es similar a si estuviésemos en un barco sobre ese mar, por lo que nuestras emociones dependen de su estado. La práctica del *mindfulness* supone bajar al fondo del mar, donde todo es tranquilo, y mirar desde abajo el mar embravecido. En esta posición vemos lo que estamos pensando, pero las olas no nos mueven, por lo que podemos permanecer independientes a lo que pensemos o sintamos.

Si conseguimos permanecer en esta posición, cambiar pensamientos automáticos negativos se hace mucho más sencillo, puesto que no llegamos a identificarnos con ellos ni a dejarnos llevar.

Está demostrado que la práctica de esta técnica durante diez minutos al día cambia la estructura cerebral a los tres meses. Las áreas del cerebro implicadas en la ansiedad y la depresión tienen menos actividad y, por el contrario, la actividad del área relacionada con el bienestar se incrementa. Por ello es tan efectiva para evitar recaídas. Actuamos directamente sobre las partes de nuestro cerebro que regulan el estado de ánimo y las emociones.

El aprendizaje de esta técnica no tiene límites. Puedes estar mejorando durante toda tu vida. Eso sí, los primeros beneficios de la práctica pueden tardar unas semanas en llegar. No pasa nada, simplemente sé paciente y no te juzgues. Estás aprendiendo. Da igual que solamente consigas conectar con el presente durante unos segundos, lo importante es que lo has conseguido. Poco a poco irás ganando soltura hasta hacerte un maestro.

Ese es el objetivo de hoy: empezar a practicar esta técnica diariamente, para poco a poco ir ganando soltura y bienestar. Hay muchas formas de hacerlo, pero tradicionalmente siempre se empieza con un ejercicio de atención a la respiración.

Es normal que, si nunca has meditado, ni hecho yoga ni nada que se le parezca, no consigas mantener la atención más que unos segundos, no te preocupes, simplemente cuando te des cuenta de que estás pensando en otra cosa, redirige la atención a tu respiración sin juzgarte.

Para facilitar el trabajo al principio, puedes grabarte leyendo el siguiente texto.

Adopta una postura cómoda. Puedes sentarte con la espalda recta o acostarte. Haz todos los movimientos que tengas que hacer para estar cómodo. Vigila que la ropa no te apriete ni te roce.

Haz una respiración profunda. Toma aire y suéltalo pausadamente. Vuelve a tomar aire y vuelve a soltarlo poco a poco, como si soplaras por un popote. Repite por última vez este proceso. Toma aire y expúlsalo poco a poco.

Es momento de concentrarte en tu respiración. Es un proceso automático, no intentes alterarlo, simplemente presta toda tu atención al interior de la nariz. Siente cómo el aire que tomas entra fresco. Nota cómo al salir cambia de temperatura. Mantén la atención en este punto durante un par de minutos.

Céntrate ahora en los pulmones, en cómo cuando inspiras tu abdomen se hincha. Presta atención a todos los músculos que se contraen en tu pecho. Nota cómo se relaja al espirar. Mantén la atención en este punto durante un par de minutos.

Si en algún momento notas que tu atención se ha ido con algún pensamiento redirígela a la respiración. Es normal que ocurra esto, no te juzgues, simplemente vuelve a centrarte en la respiración.

Intenta prestar atención al intervalo que hay entre la inspiración y la espiración. Date cuenta de lo que hace tu cuerpo. No intentes modificar nada, solamente mantente como si fueras un espectador.

Puedes permanecer en este estado el tiempo que necesites. Si decides terminar, poco a poco ve moviendo las extremidades, primero los dedos, después las manos y los pies. Ve abriendo poco a poco los ojos y date cuenta de lo calmada que está tu mente.

Quizá tengas que hacer dos o tres grabaciones para optimizar los tiempos. Intenta que la duración del audio sea de ocho a doce minutos —para empezar, está bien—. Ve probando y quédate con la que más te guste.

Durante los primeros días es probable que no sientas nada. Pero poco a poco irás entrenando tu atención y se fortalecerán determinadas conexiones neuronales que harán que vivas más el momento, regules mejor tus emociones y seas más feliz.

Durante el ejercicio de mi carrera me he encontrado con muchos pacientes a los que prestar atención a la respiración les genera mucho agobio. Esto ocurre porque juzgan esta sensación como algo malo. Si te ocurre esto, no pasa nada, hay otros ejercicios de *mindfulness* que no se centran en este proceso.

Según mi experiencia, el escaneo corporal suele ser mejor aceptado por la mayoría. Consiste en ir prestando atención a cada una de las partes del cuerpo, intentando, también en este caso, no juzgar las sensaciones que van apareciendo. Puede que sientas frío o calor, sensación de hormigueo, de pesadez o de ligereza. Puede incluso que no sientas nada. Todo está en orden. No pasa nada. Únicamente presta atención a lo que va ocurriendo.

Como en el anterior ejercicio, te dejo una guía para que grabes en audio la meditación. También en este caso es conveniente que hagas varias tomas y te quedes con la que más te guste.

Adopta una postura cómoda. Puedes sentarte con la espalda recta o acostarte. Haz todos los movimientos que tengas que hacer para estar cómodo. Vigila que la ropa no te apriete ni te roce.

Haz una respiración profunda. Toma aire y suéltalo pausadamente. Vuelve a tomar aire y vuelve a soltarlo poco a poco, como si soplaras por un popote. Repite por última vez este proceso. Toma aire y expúlsalo poco a poco.

Concéntrate en los dedos de los pies. Pon toda tu atención en las sensaciones que sientes. No intentes modificar ninguna, simplemente acéptalas tal como son.

Ahora, toma conciencia de las plantas de tus pies. Sube hasta los tobillos teniendo conciencia plena de cómo tu atención se mueve. Si te distraes con algún pensamiento o algún sonido del exterior, simplemente vuelve a prestar atención a tus tobillos. Sin reprocharte nada.

Toma conciencia de la parte de la pierna que va desde los tobillos hasta las rodillas. Presta atención a cómo están tus músculos. No intentes modificarlos. Simplemente permanece como observador externo.

Mueve tu atención a los muslos, desde las rodillas hasta las ingles. No juzgues lo que te está ocurriendo, simplemente céntrate en aceptarlo tal como es.

Presta atención a tu abdomen. Desde la cintura hasta el cuello. Nota cómo se mueve con la respiración. Una vez más, no intentes modificar nada, no juzgues tus sensaciones, atiende a todo lo que ocurre en esta parte del cuerpo. Observa los músculos que se tensan cada vez que tomas aire y cómo se relajan cuando lo expulsas.

Observa ahora tus brazos. Desde la punta de los dedos hasta los hombros. Sumérgete en las sensaciones que aparecen. Puede que no sientas nada, está bien. No pasa nada. Toma conciencia de la superficie de la piel que está en contacto con tu ropa. Toma conciencia de las partes que tienes apoyadas. Siente el peso de tu cuerpo.

Sé consciente de tu cabeza, desde el cuello hasta la coronilla. Toma conciencia de los músculos de tu cara. No los juzgues, acéptalos. Fíjate en tu boca, mejillas, párpados, frente y orejas.

Puedes permanecer en este estado el tiempo que necesites. Si decides terminar, ve moviendo poco a poco las extremidades: primero, los dedos; después, las manos y los pies. Ve abriendo lentamente los ojos y date cuenta de lo calmada que está tu mente.

Tanto si te agobia el ejercicio de atención a la respiración como si no, puedes practicar el escaneo corporal cuando quieras.

Ahora que ya sabes un par de ejercicios de *mindfulness* no tienes excusa para no practicarlos cada día. De verdad que los beneficios que vas a experimentar van a ser tremendos. No te agobies si los primeros treinta días no consigues entrar en un estado *mindful*. Todo el ruido al que estamos sometidos día a día nos desconecta de nuestro interior y del presente. Es normal que cueste al principio.

Utiliza el siguiente registro para valorar tu progreso con esta técnica.

Tabla 43. Registro *mindfulness*

Día de la semana	Ejercicio que he practicado (atención a la respiración, escaneo corporal...)	Duración de la meditación	Nivel de bienestar antes de practicar (0 = ningún bienestar; 10 = bienestar pleno)	Nivel de bienestar al acabar la práctica (0 = ningún bienestar; 10 = bienestar pleno)
Lunes	....	....	....	....
Martes	....	....	....	....
Miércoles	....	....	....	....
Jueves	....	....	....	....
Viernes	....	....	....	....
Sábado	....	....	....	....
Domingo	....	....	....	....

Espero que poco a poco, con la práctica, vayas mejorando y sintiéndote cada vez mejor. Estamos acabando tu entrenamiento y ya tienes muchísimas herramientas para mejorar tu estado de ánimo.

¡Aprovéchalas!

Epílogo

DESPEDIDA: ESTO NO ES UN ADIÓS, ES UN HASTA LUEGO

> Se despidieron y en el adiós ya estaba la bienvenida.
>
> MARIO BENEDETTI

De verdad que ha sido un placer estar contigo estas doce semanas. Espero de corazón haber podido ayudarte. Espero que hayas entendido todo lo que te he querido transmitir. Sé que ha sido duro, sobre todo al principio, pero deseo que el esfuerzo haya valido la pena. Me he dedicado íntegramente a intentar transmitirte todo el conocimiento, tanto técnico como práctico, que he ido adquiriendo en estos años de ejercicio de la psicología.

El proceso desde que escribí la primera palabra de este libro hasta que ha visto la luz ha durado más de tres años. Durante este tiempo he ido aprendiendo cosas nuevas y las he ido introduciendo en el texto original.

Como verás, no me he limitado a contarte la teoría. Te he explicado paso a paso cómo tenías que ir incorporando a tu vida estas herramientas. Además, te he abierto mi alma en canal y te he relatado la superación del proceso más duro de mi vida. Sé por experiencia que la vida se hace muy cuesta arriba cuando estás triste. Yo he estado ahí. No te preocupes, porque siempre se puede mejorar. Siempre hay esperanza.

El proceso no es ni mucho menos fácil, y habrá ocasiones en las que quieras tirar la toalla. Momentos en los que sientas que no puedes más. Pero ¿sabes qué? Que el sol seguirá saliendo todas las mañanas. Después de la tormenta siempre llegará la calma y nos dejará el olor a tierra mojada.

Como decía el gran Mario Benedetti:

No te rindas, por favor, no cedas,
aunque el frío queme,
aunque el miedo muerda,
aunque el sol se esconda,
y se calle el viento,
aún hay fuego en tu alma,
aún hay vida en tus sueños.

Solo me queda decirte que, si te ha quedado alguna duda, no has entendido algo o quieres un seguimiento más personalizado de tu caso, eches un vistazo a la web <www.en equilibriomental.net>, donde podrás contactar conmigo.

Me hace muchísima ilusión cada vez que alguien me escribe diciéndome que lo he ayudado. Que no te dé vergüenza, yo estaré encantado de leerte.

Sin más dilación me despido. Espero que no me necesites nunca más.

Un abrazo,

JESÚS MATOS LARRINAGA

REFERENCIAS BIBLIOGRÁFICAS

Aranda, M. D. A.; y Valverde, C. V., *Optimismo inteligente: psicología de las emociones positivas*, Madrid, Alianza, 1998.

Ávia, M. D. y Vázquez, C., *El optimismo inteligente*, Madrid, Alianza, 2004

Beck, A. T.; Rush, A. J.; Shaw, B. F.; y Emery, G., *Terapia cognitiva de la depresión*, Bilbao, Desclée de Brouwer, 1983.

Brody, A. L.; Saxena, S.; Stoessel, P.; *et al.*, «Regional Brain Metabolic Changes in Patients with Major Depression Treated with Either Paroxetine or Interpersonal Therapy: Preliminary Findings», en *Archives of General Psychiatry*, 58 (7), 2001, págs. 631-640.

DiClemente, C. C.; y Prochaska, J. O., «Processes and Stages of Change: Coping and Competence in Smoking Behavior Change», en *Coping and Substance abuse*, Nueva York, Academic Press, 1985, págs. 319-343.

Ellis, A., An Operational Reformation of Some of the Basic Principles of Psychoanalysis. *The Psychoanalytic Review (1913-1957)*, 1956, 43, pág. 163.

Fañanás, L., «Bases genéticas de la vulnerabilidad a la depresión», en *Anales del Sistema Sanitario de Navarra*, vol. 25 (3), septiembre de 2002, págs. 21-42.

Gilboa, E.; y Gotlib, I. H., «Cognitive Biases and Affect Persistence in Previously Dysphoric and Never-dysphoric Individuals», en *Cognition & Emotion*, 11 (5-6), 1997, págs. 517-538.

Goldapple, K.; Segal, Z.; Garson, C.; *et al.*, «Modulation of Cortical-limbic Pathways in Major Depression: Treatment Specific Effects of Cognitive Behavior Therapy», en *Archives of General Psychiatry*, 61 (1), 2004, págs. 34-41.

Gross, J. J., «Emotion Regulation: Past, Present, Future», en *Cognition & Emotion*, 13 (5), 1999, págs. 551-573.

—, «Emotion and emotion regulation», en Pervin, L. A. y John, O. P. (comps.), *Handbook of Personality: Theory and Research*, Nueva York, Guildford, págs. 525-552.

Guadarrama, L.; Escobar, A.; y Zhang, L., «Bases neuroquímicas y neuroanatómicas de la depresión», en *Revista de la Facultad de Medicina*, UNAM, 49 (2), 2006, págs. 66-72.

Heider, F., *The Psychology of Interpersonal Relations*, Nueva York, Wiley, 1958.

Hervás, G.; y Vázquez, C., «La regulación afectiva: modelos, investigación e implicaciones para la salud mental y física», en *Revista de Psicología General y Aplicada*, 59 (1-2), 2006, págs. 9-36.

Klein, D. C.; Fencil-Morse, E.; y Seligman, M. E., «Learned Helplessness, Depression, and the Attribution of Failure», en *Journal of Personality and Social Psychology*, 33 (5), 1976, pág. 508.

Maier, S. F.; y Seligman, M. E., «Learned Helplessness: Theory and Evidence», en *Journal of Experimental Psychology: General*, 105 (1), 1976, pág. 3.

Seligman, M. E., «Learned Helplessness», en *Annual Review of Medicine*, 23 (1), 1972, págs. 407-412.

Silva, H. «Nuevas perspectivas en la biología de la depresión», en *Revista Chilena de Neuropsiquiatría*, 40, 2002, págs. 9-20.

Weiner, B., «An Attributional Theory of Achievement Motivation and Emotion», en *Psychological Review*, vol. 92 (4), octubre de 1985, págs. 548-573.